Lotte Bormuth

BESCHENKT MIT EINEM KÖNIGREICH

Lotte Bormuth

Beschenkt mit einem Königreich

francke

Über die Autorin:
Lotte Bormuth ist eine der erfolgreichsten christlichen Autorinnen Deutschlands. In bald 100 Titeln hat sie mit Lebensbildern und eigenen Erlebnissen vielen Menschen Trost, Freude und Glaubensmut vermittelt. Sie hat fünf Kinder und 17 Enkel und lebt mit ihrem Mann in Marburg.

Bibliografische Information Der Deutschen Bibliothek
Die Deutsche Bibliothek verzeichnet diese Publikation in der Deutschen Nationalbibliografie;
detaillierte bibliografische Daten sind im Internet über http://dnb.ddb.de abrufbar.

ISBN 978-3-86827-432-5

35037 Marburg an der Lahn
Umschlagbilder: © shutterstock.com / Elena Elisseeva
Umschlaggestaltung: Verlag der Francke-Buchhandlung GmbH / Christian Heinritz
Satz: Verlag der Francke-Buchhandlung GmbH
Druck und Bindung: CPI Moravia Books Pohorelice

www.francke-buch.de

Inhalt

Beten vor dem ersten Kick

Unser jüngster Sohn wurde bei strahlendem Wetter in seine neue Gemeinde eingeführt. Die große Marienkirche in Bad Sooden war bis auf den letzten Platz gefüllt. Natürlich waren alle, die zur Familie Bormuth gehörten, von nah und fern gekommen. Mächtig spielte die Orgel im Wechsel mit den Posaunen das Eingangslied „Großer Gott, wir loben dich“. Die Gemeinde erhob sich, als dann unser Sohn, begleitet von hohen Würdenträgern, ins Gotteshaus geführt wurde. Auch für mich als Mutter war dies ein erhebendes Gefühl. Das Wort, das sich unser Sohn Daniel als Predigttext gewählt hatte, stand in Lukas 11,9, wo Jesus sagt: „Bittet, so wird euch gegeben; suchet, so werdet ihr finden; klopfet an, so wird euch aufgetan.“ Mit einem Beispiel aus seinem eigenen Erleben stieg er in die Predigt ein.

„Ich war gerade mal sieben Jahre alt, als mein Vater zu einer Dienstreise nach Amerika fuhr, um dort in verschiedenen Städten das Evangelium zu verkündigen. Als er sich von mir verabschiedete, fragte er mich noch: ‚Na, Daniel, was wünschst du dir von mir? Was soll ich dir aus Amerika mitbringen?‘ Wie aus der Pistole geschossen bat ich: ‚Papa, bring mir ein Glas Erdnussbutter, Rollerskates und eine Jeans mit.‘ – ‚Mein Junge, das wird wohl nicht möglich sein. So viel Gepäck kann ich im Flugzeug nicht mitnehmen.‘ Aber wer meinen Vater kennt, wird schon wissen, was er mir bei seinem Heimkommen geschenkt hat. Ich war der Glücklichste in der Familie, denn alle meine Wünsche waren erfüllt. Wenn schon mein irdischer Vater auf alle meine Bitten eingeht, wie viel mehr wird mein himmlischer Vater mich nicht im Stich lassen. Zu Beginn meines Dienstauftrags habe ich auch eine Bitte an euch, liebe Gemeinde. Vertraut mir eure Kinder und Jugendlichen an, damit hier in Bad Sooden Gemeinde Jesu gebaut werden kann. Unterstützt mich mit euren Gebeten, ich bin zuversichtlich, dass Gott meine dringlichste Bitte erfüllen wird. Schickt mir eure Kinder!“

Zunächst überlegte Daniel, wie es ihm gelingen könnte, die Jungen und Mädchen dieser Stadt für das göttliche Wort zu begeistern, und er begann die kleinen Schauspieler für ein Krippenspiel an Heiligabend zu gewinnen. Es war schon erstaunlich, wie gerne die Kinder sich dazu einladen ließen. Sogar einige Mütter waren bereit, beim Einüben mitzuhelfen. Dreißig Buben und Mädchen waren eifrig bei der Sache. Maria und Joseph, die Hirten auf dem Feld, dazu jede Menge Schäfchen gehörten zur Weihnachtsgeschichte. An Heiligabend war die Kirche brechend voll und die Kinder leisteten Großes, denn viele Gemeindeglieder wollten die herrliche Tat Gottes für uns Menschen – nämlich die Geburt Christi – mitfeiern. Diese Aufführung war auch der Beginn des Kindergottesdienstes, den es vorher in dieser Gemeinde noch nicht gegeben hatte.

Aber dann schenkte Gott unserem Sohn noch eine andere gute Idee, wie er die Kinder auch an einem Wochentag mit biblischem Wort und frohem Spiel gewinnen könnte.

Ich war überrascht, als ich heute mit der Post einen Zeitungsausschnitt mit einem Gruß von unserem Daniel erhielt. Dieser Bericht füllte mit einem Bild eine halbe Seite und war überschrieben mit:

Beten vor dem ersten Kick

An der St. Marien-Kirche in Bad Sooden hat Pfarrer Dr. Daniel Bormuth ein ganz neues Projekt ins Leben gerufen. „Play and Pray" (zu Deutsch: spielen und beten) heißt es. Es will Sport und Glauben miteinander verbinden und Kinder an die Kirche heranführen. Auf dem Bolzplatz an den Bruchteichen treffen sich jeden Dienstag zwischen 17 und 18.30 Uhr Jungen und Mädchen zum Fußballspielen. Doch bevor die Mannschaften gebildet sind und der erste Schuss fällt, soll gemeinsam gebetet werden. Dabei hören die Sechs- bis Zwölfjährigen jedes Mal den Psalm 23 („Der Herr ist mein Hirte") und bilden einen großen Kreis zum gemeinsamen Gesang. Erst dann geht die Jagd nach dem runden Leder los. Mittendrin ist auch der sportliche Gottesmann als bekennender Fußballfan. Organisatorische Unterstützung erhält Pfarrer Dr. Daniel Bormuth dabei von Klaus Axt, Torwartlegende des örtlichen Fußballvereins, ferner von Jens Meister und Tanja Herrmann, die auch das Fairplay im Auge behalten. Wie gut dieses noch junge Angebot angenommen wird, zeigt, dass sich zuletzt dreißig Kinder in vier Mannschaften auf dem Rasen tummelten. Regelmäßig beendet wird diese etwas andere Sportstunde mit dem Vaterunser und dem Segen durch den Geistlichen.

„Nehmt einander an ..."

Wie schwer fällt mir oft dieses Gotteswort: „Nehmet einander an, wie Christus euch angenommen hat." Dabei enthält es doch eine klare Anweisung. Ich sitze im Wohnzimmer eines Freizeitheimes und bin in die Zeitung vertieft. Wenn ich ein oder zwei Wochen zum Verkündigungsdienst unterwegs bin, erfahre ich nur wenig, was sich in der Welt ereignet. Dabei bin ich von Natur aus sehr wissbegierig und politisch interessiert. Die Tür zum Flur ist halb geöffnet und mein Blick fällt auf eine alte, behinderte Dame. Sie müht sich ab, um die Trittbrettchen an ihrem Rollstuhl herunterzuklappen. Aber das will ihr nicht gelingen. Anstatt schnell zu ihr zu gehen und dieses Übel mit einem Handgriff zu beheben, blättere ich weiter in der Neuen Osnabrücker Zeitung. Erst beim zweiten Blick bewege ich mich endlich, stehe auf und gehe auf die Behinderte zu. Es ist mir ein Leichtes, die beiden Fußbrettchen in die richtige Position zu bringen und ihre Füße daraufzustellen.

„Wie gut, dass Sie mir helfen. Danke, vielen Dank! Ich bekomme nämlich jedes Mal einen Krampf ins Bein, wenn ich meine verkrüppelten Glieder nicht in die richtige Stellung bringen kann."

Ich sage kein Wort. Beschämt gehe ich wieder in den Lesesaal. Wie konnte ich nur so bequem sein. Ich hätte der behinderten alten Dame gleich helfen sollen. So aber ließ ich sie warten und vertiefte mich in einen Artikel über die anstehenden Landtagswahlen. Im Stillen bete ich: „Vater im Himmel, verzeih mir meine Taktlosigkeit. Ich will mich bessern und der Not anderer abhelfen."

Ein gutes Vorbild, wie wir handeln sollen, wurde mir Schwester Andrea. Während einer Bibelarbeit merkte sie, dass eine über 90 Jahre alte Diakonisse Hörschwierigkeiten hatte. Ihr ganzes Leben hat sie dem Dienst Jesu geweiht. Nun lebt sie in einem Feierabendheim, kann aber noch die Andachten bei den Tagungen mitverfolgen. Bei jedem meiner Vorträge saß sie unter den Zuhörern. Heute Morgen aber hatte sie Schwierigkeiten mit ihrem Hörgerät. Sie nahm es aus dem Ohr und probierte, den Schaden zu beheben. Aber es wollte ihr nicht gelingen.

Schwester Andrea hatte das bemerkt, stand leise auf, bückte sich zu der alten Diakonisse herunter, nahm die Batterie heraus, untersuchte sie und steckte sie wieder ins Hörgerät. Nun war der Schaden behoben. Ein Strahlen ging über das Gesicht der alten Diakonisse und sie konnte der Geschichte von Joseph und seinen Brüdern weiter folgen. Schwester Andrea aber setzte sich wieder still an ihren Platz. So wurde sie mir zum Vorbild. „Herr“, betete ich im Stillen, „hilf mir, dass ich in meinem Leben Prioritäten setze.“

Die Not eines anderen, dem die Hörfähigkeit durch ein defektes Gerät genommen ist, ist wichtiger als meine Scheu, mich während eines Vortrags vom Stuhl zu erheben. Ich will mich auch immer bücken, wenn anderen etwas hinfällt, und es ihnen aufheben. Auch an einem Pappbecher am Wegesrand oder einem Tempotaschentuch will ich nicht achtlos vorübergehen. Das habe ich mir fest vorgenommen. Dazu trage ich eine saubere Serviette und einen Plastikbeutel in meiner Manteltasche. Damit kann ich meine Hände vor Schmutz schützen. Es gibt so viele kleine Dinge, die unsere Welt schöner machen und unser Miteinander freundlicher.

„Pflüget ein Neues und sät nicht unter die Hecken“

(Jeremia 4,3)

Ich erinnere mich noch sehr gut an den Tag, als mein Vater ein neues Stück Land pflügte. Wir waren ja mit zwei schweren Kastenwagen, vor die je drei Pferde gespannt waren, am 19. Januar 1945 aus Polen geflüchtet. Die russische Front war ständig näher gekommen und so hörten wir schon den Kanonendonner aus der Nähe und sahen die Leuchtspur der feindlichen Geschosse. Von unserem Gut waren wir um Mitternacht aufgebrochen und waren nun in der Fremde ohne Besitz und ohne Hoffnung gelandet. Wir kämpften ums Überleben. „Mutter, ich will Brot“, war die Bitte, die ich am häufigsten im Laufe eines Tages aussprach. Der Hunger war mir zu einem ständigen Begleiter geworden und ich war abgemagert wie ein „reppiges Huhn“, so nannte man bei uns in Bessarabien ein Geschöpf, das kaum mehr die Kraft zum Leben aufbrachte. Aber dann gab in unserem Dorf in Hessen eines Tages ein Landwirt gutes Land ab, das an kinderreiche Flüchtlingsfamilien verpachtet wurde. So kamen auch wir in den Genuss von zehn Morgen Pachtland. Fast konnten wir das Wunder nicht fassen, als wir auf einem Feld standen und die Erde durch unsere Finger rieseln ließen. Mein Vater durfte endlich ein Neues pflügen und unsere Freude war groß.

Aber zunächst galt es, den Boden von Steinen, Disteln und Quecken zu befreien – ein recht mühsames Unterfangen. Papa nahm uns in die Pflicht. Dreizehn Jahre war ich alt und nun war meine Freizeit verplant. Nach Schulschluss fuhr ich gegen zwei Uhr mit dem Pferdewagen aufs Dachsfeld. Mutter drückte mir einen Korb in die Hand, und wenn ich 20 Körbe voll gelesen hatte, durfte ich mich ins Gras setzen und mich ausruhen. Wie oft bohrten sich die Disteln in meine bloßen Fußsohlen, während ich über das Feld ging und arbeitete. Oft bluteten meine Füße. Wer diese Arbeit auf seinem Acker versäumt, wird seinen Samen nicht aussäen können und erzielt auch keine Ernte. Das habe ich früh begriffen. Später gab mir Vater auch die Leine in die Hand und ich lenkte unsere zwei Pferde, Wanda und Schimmel, über das Feld. Stolz und glücklich war ich, wenn die fruchtbaren, speckigen Furchen in der Sonne glänzten.

„Pflüget ein Neues und sät nicht unter die Hecken", dieses Wort des Propheten Jeremia betrifft nicht nur einen Landwirt. Für unser aller Leben gilt diese Wahrheit. Wir sollten dieses Bild auch auf uns übertragen und uns fragen: Wo müssen wir auf dem Acker unseres Lebens ein Neues pflügen?

Vor einiger Zeit erlitt ich einen schweren Unfall. Wieder hatte ich mir – nun schon zum dritten Mal – den linken Arm gebrochen, diesmal sehr kompliziert. Ich musste operiert werden. Da lag ich nun mit wahnsinnigen Schmerzen in Zimmer 262 des Diakoniekrankenhauses und dachte bei mir selbst: Nun werde ich wohl keine Vorträge mehr auf Frühstückstreffen und Freizeiten halten können. Zu meinen Schmerzen plagten mich noch Verzagtheit und Wehleidigkeit. Ich war wegen meines Missgeschicks sehr verzweifelt. In dieser schrecklichen Situation nahm ich mein Neues Testament in die Hand und las einen Abschnitt aus dem Römerbrief, wo es heißt: „Seid fröhlich in Hoffnung, geduldig in Trübsal, haltet an am Gebet!“ (Römer 12,12). Nun war mir der Weg gewiesen, wo ich ein Neues pflügen sollte und gleich am Abend setzte ich mein Vorhaben in die Tat um. Neben mir lag eine jüngere Frau. Sie war vor mir an der Galle operiert worden. Als ich mich zum Schlafen bereit machte, fragte ich sie: „Ist es Ihnen recht, wenn ich Sie in mein Nachtgebet einschließe?“ Mit großen Augen sah sie mich an und war über diese Frage etwas verwundert. Aber sie nickte und sagte leise: „Ja!“ Zunächst las ich die Worte aus Psalm 116,1-5: „Das ist mir lieb, dass der Herr meine Stimme und mein Flehen hört. Denn er neigte sein Ohr zu mir; darum will ich ihn ein Leben lang anrufen. Stricke des Todes hatten mich umfangen und Ängste der Hölle hatten mich getroffen. Ich kam in Jammer und Not. Aber ich rief an den Namen des Herrn: O Herr, errette meine Seele! Der Herr ist gnädig und gerecht und unser Gott ist barmherzig.“ Danach sprach ich ein kurzes Abendgebet.

„Vielen, vielen Dank für Ihr wunderbares

Gebet. Sie haben mir aus dem Herzen gesprochen", waren ihre Worte. So hielt ich es an jedem Tag und ich merkte, wie sie schon auf mein Gebet wartete, wenn die Nachtschwester uns verlassen hatte. Als sie nach einigen Tagen entlassen wurde und ihre Tasche schon gepackt war, trat sie an mein Bett und drückte mir fest die Hand. „Frau Bormuth, ich danke Ihnen für Ihren ermutigenden Zuspruch. Sie haben mir mit Ihren Gebeten sehr geholfen." Dann holte sie noch einen Kugelschreiber hervor, schrieb ihre Adresse und Telefonnummer in ein Buch und schenkte es mir.

Ich hielt Kontakt zu meiner Leidensgenossin, betete weiter für sie und telefonierte öfter mit ihr. Das Gefühl, noch gebraucht zu werden, tat mir gut.

Aber es gibt auch Situationen, in denen wir daran gehindert werden, etwas Neues in Angriff zu nehmen. Der Ärger und die Verstimmung sind dann wie Dornen, die all unser Bemühen zunichtemachen wollen. So ging es mir, als ich mein erstes Buch schrieb. Es gab viel Widerstand und Empörung, wie ich als einfache Hausfrau es wagen könnte, Bücher zu veröffentlichen. Ein befreundeter

Pfarrer meinte sogar, ich hätte doch sicher genug im Haushalt und mit meinen fünf Kindern zu tun und sollte diese Aufgaben mit Sorgfalt erfüllen. Das Schreiben von Literatur sollte ich anderen überlassen, die auf diesem Gebiet besser qualifiziert seien und größere Kenntnisse mitbrächten. In den Verlagen gäbe es genügend Ladenhüter, die sich nicht verkaufen ließen, da brauchte ich nicht noch mehr hinzufügen.

Ich war zunächst sehr geknickt, ließ mich aber dennoch nicht von meinem Vorhaben abbringen. Als dann binnen drei Monaten die erste Auflage meines Buches mit dem Titel „Ich staune über Gottes Führung" verkauft war, das waren immerhin 6.000 Exemplare, wagte ich es, bei Francke ein neues Manuskript einzureichen. Vielleicht darf ich noch erwähnen, dass mein erstes Buch inzwischen sechzehn Mal neu aufgelegt und zum Bestseller wurde. Aber fast hätten mich die Dornen der Verunglimpfung und Häme daran gehindert, das Evangelium unter die Menschen zu bringen. Wenn ich etwas Neues pflügen soll, muss ich mich an die Arbeit machen und den Boden gut vorbereiten. So wie ich Steine, Disteln und Unkraut vom

Acker entfernen musste, gilt es, Mühe und Schweiß zu investieren.

Vor einigen Tagen bat mich eine Sekretärin um ein Gespräch. Sie erzählte mir von ihrer Familie und wie dankbar und glücklich sie über ihre vier Töchter wäre, die nun alle ihr Berufsziel erlangt hätten. Ulrike sei Juristin, Beate Ärztin, Christine Lehrerin und Jessica Physiotherapeutin. Doch in ihrer Ehe hatte sie Konflikte. Ihr Mann war um viele Jahre älter als sie und nun stellten sich so manche Gebrechen ein. Eine eheliche Gemeinschaft war gar nicht mehr zu vollziehen. So war es ihr recht gewesen, als ein Nachbar sich anbot, ihr im Garten zu helfen und auch im Winter den Schneeräumdienst zu übernehmen. Immer öfter traf sie sich mit ihrem tüchtigen Helfer. Sie tranken Kaffee miteinander, unterhielten sich angeregt und tauschten Neuigkeiten aus. Zunächst drückte Herr Schmidt – so will ich ihn hier nennen – ihr nur fest beim Verabschieden die Hand. Dann aber umarmte er sie auch manchmal und gab ihr sogar einen Kuss auf die Wange. Sie ließ sich diese Liebkosung ohne Widerstreben gefallen, da ihr diese Wertschätzung wohltat. Am Valentinstag schickte er ihr den ersten Blumenstrauß. In der Osterzeit lud er sie sogar für eine Woche auf die Insel Rügen ein. Aber diese Erholungswoche wurde ihr zum Verhängnis. Herr Schmidt verführte sie und sie landete in seinem Bett. Natürlich war ihr sofort bewusst, dass sie Ehebruch begangen hatte. Aber für diesen Mann hatte sie tiefe Gefühle und wollte sich nicht mehr von ihm trennen. Die Linie der Treue in der Ehe hatte sie schon längst überschritten.

Ich sprach klare Worte mit ihr. „Sie müssen sich aus dieser Verbindung lösen und zwar sofort. Schicken Sie diesen Mann in die Wüste. Es geht nicht an, dass Sie Ihre Ehe und den Frieden in der Familie aufs Spiel setzen. Auch Ihre Beziehung zu Christus kann solch ein Verhalten nicht dulden. Fangen Sie ein neues Leben mit Jesus an, bekennen Sie ihm Ihre Schuld. Nur so werden Sie Vergebung erlangen. Wenn Sie an dieser ehebrecherischen Verbindung festhalten, stürzen Sie sich ins Verderben."

Es hat mich ungemein traurig gemacht, als diese Frau nach fast zwei Stunden von mir ging, ohne eine positive Entscheidung für ihr Leben zu treffen. Sie wagte nicht, ein neues Land für sich und ihre Familie zu pflügen, sondern ließ weiter Dornen über ihre Ehe wachsen. Mir aber bleibt das Ringen um meine Gesprächpartnerin und ich will nicht aufhören, ihren Namen vor Gott zu bringen. Es darf doch nicht passieren, dass eine Christin ihr Heil für den Himmel verliert, weil sie von ihrer sündigen Leidenschaft nicht lassen kann. Gefühle sind ihr lieber und bedeuten ihr mehr als die Treue zu ihrem Mann.

Aber ich will nicht bei diesem negativen Beispiel stehen bleiben, sondern Sie mitnehmen in das letzte Weihnachtsfest. Seit 47 Jahren verantworte ich mit einer Reihe von Mitarbeitern eine wunderschöne Heiligabendfeier. In unserer Gemeinde laden wir Alte und Junge, Deutsche und Ausländer, Bedürftige und Einsame, Obdachlose und solche, die noch in einer schönen warmen Wohnung ihre Bleibe haben, ein. Jeder darf kommen. Es war zu Beginn unseres Vorhabens nur ein kleiner Kreis. Aber nun platzt unser großer Saal aus allen Nähten. Ein köstliches Abendbrot mit Kartoffelsalat und Würstchen soll den Hunger unserer Gäste stillen, anschließend gibt es herrliches Gebäck und alkoholfreien Punsch. Aber das Wichtigste ist uns die Verkündigung der Frohen Botschaft vom Kind in der Krippe, vom Heiland der Welt. Viele Menschen in unseren Tagen haben keine Beziehung mehr zur Bedeutung des Festes. Reich beschenkt mit dem Wort der Bibel, erfreut durch das Singen fröhlicher Weihnachtslieder, aber auch mit einem wertvollen Lebensmittelpaket werden unsere Gäste wieder nach Hause gebracht. Als ich mich von unseren Besuchern verabschiedete, nahm mich eine ältere Dame in den Arm und sagte: „Frau Bormuth, Sie dürfen noch nicht sterben. Gott erhalte Sie noch lange. Wir wollen gerne noch viele Jahre mit Ihnen Weihnachten feiern." Ich kann meinem Herrn Christus nur von Herzen danken, dass er mich zu solch einer frohen Mitarbeiterin in seinem Reich gemacht hat und ich jedes Jahr Gottes Acker in der Weihnachtsfeier pflügen darf.

Beschenkt mit einem Königreich

Vor ein paar Tagen schellte es an unserer Haustür. Ein Obdachloser wollte mich sprechen: „Ihr Name wurde mir von einer Diakonisse genannt. Ich habe kein Dach über dem Kopf und komme aus dem Siegerland. Manchmal überfällt mich am Abend die

Angst, ob ich denn am Morgen bei dieser Eiseskälte von minus 12 Grad noch lebend aufwache. Bitte, bitte, nehmen Sie mich auf!"

Hätte ich da Nein sagen sollen? Welche Vorwürfe müsste ich mir machen, wenn ich dann eines Tages in der Zeitung hätte lesen müssen: „Heute Morgen wurde auf einer Parkbank im Botanischen Garten ein junger Obdachloser erfroren aufgefunden"? So gab ich dem jungen Mann eine Zusage, begann auch sofort aus meinem Arbeitszimmer Bücher und Manuskripte ins Wohnzimmer zu räumen. Dann richtete ich ihm ein Bett auf der Liege und bezog Kissen und Federbett. Bad und Küche teilten wir uns. Fest drückte mir Thomas die Hand und bedankte sich. Mit diesem Namen sollte ich ihn ansprechen. Über sein Gesicht ging ein Strahlen.

Martin Luther hat einmal einen Ausspruch niedergeschrieben: „Wer einen Menschen glücklich gemacht hat, der hat mehr als ein Königreich gewonnen." Heute Morgen bin ich mit einem Königreich beschenkt worden und glücklich war ich auch.

Heute, am Samstag, nahmen mein Mann und ich uns Zeit, um uns mit Thomas zu unterhalten; denn ich weiß, wie sehr er darauf wartet, ein gutes Gespräch mit uns zu führen. Er ist nämlich ein zutiefst einsamer Mensch. Dabei erinnerte mich Gott daran, unseren Gast am Sonntag in die Gemeinde zum Gottesdienst einzuladen. Aber mit diesem Versuch landete ich nicht sehr glücklich bei ihm. Prompt erklärte er mir: „Kommen Sie mir nur nicht mit der Kirche. Seit meiner Konfirmation habe ich keinen Fuß mehr über die Türschwelle eines Gotteshauses gesetzt. Sie müssen wissen: Ich war 14 Jahre alt und musste miterleben, wie meine Mutter an Lungenkrebs starb. Es war grausam für mich, zusehen zu müssen, wie sie keine Luft mehr bekam. Ich saß an ihrem Bett und dachte: Wenn sie doch nur bald sterben könnte. Ich konnte ihr Elend nicht mehr ertragen. Zunächst hatte ich gehofft, Mutter würde nach ihrem langen Krankenhausaufenthalt wieder gesund. Etwa ein halbes Jahr fühlte sie sich recht wohl, sodass ich davon überzeugt war, meine Gebete seien von Gott erhört worden. Unser Pfarrer hatte mir immer wieder Mut gemacht, meine Hände für Mutter zu falten. Aber alles Beten erwies sich als Trugschluss. Schließlich konnte ich nur noch zu Gott rufen: ‚Herr, erlöse meine Mama von dieser schrecklichen Plage!‘ Als sie dann für immer die Augen schloss, kniete ich an ihrem Bett nieder, fasste ihre Hand – sie war noch ganz warm – und flüsterte ganz leise: ‚Danke, Gott, danke, sie ist jetzt erlöst.‘ Danach gab ich ihr noch einen Kuss auf die Stirn. Jetzt wurde mir bewusst, wie viel ich verloren hatte. Hätte Gott sie nicht auch heilen können? Nun war mir das Liebste genommen und ich stand ganz allein in der Welt. Meinen Vater hatte ich nie kennengelernt und ich weiß noch nicht einmal, wie er heißt. Mein älterer Bruder – er war gerade 16 Jahre alt geworden – hatte sich mit einem Klassenkameraden so furchtbar geschlagen und ihm einen so kräftigen Stoß versetzt, dass dieser unglücklich zu Boden stürzte, mit dem Kopf auf einen Stein schlug, ins Koma fiel und dann starb. Die Eltern des Schülers erhoben Anklage und Günter musste eine Haftstrafe von über zwei Jahren im Jugendgefängnis absitzen. Was sollte nun aus mir werden? Ich war verzweifelt und in mir stieg ein Groll gegen Gott auf, dass ich im Zorn schwor, nie mehr eine Kirche zu betreten. Bis heute habe ich mich daran gehalten. Hätte Gott nicht auch meine Mutter heilen können?“

Ich verstand Thomas und schwieg lange. Was hätte ich auch dazu sagen sollen? Aber dann kam mir nach einer Weile eine Idee. „Thomas, ich gehe morgen auch nicht in die Kirche, sondern würde lieber deinetwegen hierbleiben und mir den Gottesdienst des Evangeliumsrundfunks im Fernsehen anschauen. Leistest du mir Gesellschaft?“

Diese Bitte wollte mir Thomas nicht direkt abschlagen und meinte: „Na gut, ich muss sehen, ob ich nicht verschlafe.“

„Gewiss nicht, Thomas. Der Gottesdienst fängt erst um 11 Uhr an. Da hast du längst ausgeschlafen.“

„Na, da komme ich vielleicht, wenn ich meinen inneren Schweinehund überwinde“, waren seine Worte. „Dafür werde ich sorgen. Ich werde dich wecken.“ Wir saßen dann noch bis weit nach Mitternacht im Gespräch über die Geheimnisse des Lebens zusammen. Dann legten wir uns zu Bett. Schlafen konnte ich nicht sofort, aber beten. So bat ich meinen Herrn, Thomas zu ermutigen, mit mir die Predigt am Fernseher zu verfolgen. Würde er kommen? So blieb ich an diesem Sonntagmorgen zu Hause, ließ meinen Mann allein zur Kirche fahren und wartete ungeduldig. Und wirklich, Thomas hielt sein Versprechen. Pfarrer Scheuermann aus Nierenhof verstand es ausgezeichnet, das Wort Gottes vollmächtig auszulegen, und Thomas blieb ruhig auf seinem Stuhl sitzen. Beim Gebet griff er an sein goldenes Kettchen, an dem ein Kreuz hing. Seine Mutter hatte es ihm einmal geschenkt. Das Vaterunser sprach er mit. Auch das Glaubensbekenntnis war ihm bekannt. „Unser Pfarrer war sehr streng zu uns und es war sicher nicht von Übel, dass wir eine Reihe Bibelsprüche und einige Lieder auswendig lernen mussten. So habe ich alles gut in meinem Gedächtnis gespeichert", meinte er. Als das letzte Amen verklungen war, fragte ich ihn: „Wie ist es, Thomas, wollen wir es am nächsten Sonntag genauso halten?" – „Ja, vielleicht, Frau Bormuth, wenn ich wieder meinen inneren Schweinehund überwinde. Aber der Gottesdienst hat mir sehr gut gefallen. Dass dies im Fernsehen möglich ist, habe ich noch nicht gewusst."

Er überwand seinen Widerstand und wieder feierte ich am Sonntag darauf mit

Thomas in unserem Wohnzimmer Gottesdienst.

Am folgenden Sonntag waren mein Mann und ich drei Tage zu Vorträgen unterwegs. Als wir zurückkamen, sagte mir Thomas sofort: „Frau Bormuth, ich muss Ihnen etwas beichten. In Ihrer Abwesenheit habe ich Ihren Fernsehapparat im Wohnzimmer angeschaltet und wieder einen Gottesdienst im Evangeliumsrundfunk verfolgt. Ich hätte Sie eigentlich fragen müssen, habe es aber verpasst. Es war wieder eine hervorragende Predigt." Nichts freute mich mehr.

Krankheitsnöte

Als meine fünf Kinder noch klein waren, schien mir die Aufgabe, die vor mir lag, recht groß und beschwerlich zu sein. Ich kam oft an den Rand meiner seelischen Kräfte, aber ich wusste: Gott hat mir diese wunderbaren Kinder anvertraut und mich in Ehe und Familie geführt. Ich weiß um großartige, freudvolle Erfahrungen, die ich z. B. bei der Geburt unserer fünf erlebte. Keine Königin hätte glücklicher sein können als ich, als mir die Hebamme meine Tochter und meine vier Söhne in den Arm legte. Zugleich weiß ich aber auch um Krankheitszeiten und schwere Unfälle.

Unsere zwei Ältesten bekamen mitten im Sommer Keuchhusten. Zunächst sah diese Krankheit nicht so gefährlich aus. Aber nach nur wenigen Tagen verschlimmerte sich ihr Zustand. Die Hustenanfälle wurden vor allen Dingen in den Nächten lebensbedrohend. Oft wurden meine Kleinen ganz blau, litten an Atemnot und drohten zu ersticken. Mein Mann war mit einer Jugendgruppe dienstlich unterwegs und ich konnte ihn in den Bergen Österreichs nicht erreichen. Ohne Telefon und ohne Auto war ich allein im Haus. Tag und Nacht trug ich einmal Anne Ruth und dann wieder Gottfried auf meinem Arm hin und her. Nach einigen Tagen war ich total ausgelaugt. In meiner Bedrängnis schrie ich zu Gott und bat ihn um Hilfe. Ab und an warf ich einen kurzen Blick auf einen Psalm und holte mir aus Gottes Wort neue Kraft. So stand im Psalm 118: „In der Angst rief ich den Herrn an und der Herr hörte mich und tröstete mich. Der Herr ist mit mir, was können mir Menschen tun? Der Herr ist mit mir, um mir zu helfen, und es ist gut, auf den Herrn vertrauen und sich nicht auf Menschen zu verlassen. Der Herr ist meine Macht und mein Psalm und ist mein Heil. Man singt mit Freuden vom Sieg in den Hütten der Gerechten. Die Rechte des Herrn behält den Sieg. O Herr, hilf, o Herr, lass wohl gelingen."

Diese Psalmworte gaben mir Kraft und ich musste nicht verzweifeln. Sie gaben mir im Dunkel Licht und ich stärkte meine Seele in Gott. Die Tage der Krampfanfälle waren bedrohlich und doch war ich mir dessen gewiss: Mein Gott wird meinen Kindern helfen und sie wieder gesund machen. Nach etwa 10 Tagen ließen die Erstickungsanfälle nach. Meine beiden Kleinen blieben am Leben. Heute dienen sie Gott. Anne Ruth leitet einen christlichen Verlag und sorgt dafür, dass ermutigende, glaubensstärkende Bücher ins Land gehen. Gottfried ist Pfarrer einer aufblühenden Gemeinde. So erfüllte sich an ihnen das Wort: „Ich werde nicht sterben, sondern leben und des Herrn Werke verkündigen."

Während der Krankheitszeit unserer Kinder im Wort der Psalmen zu graben, den Acker des Lebens zu pflügen und neu auszusäen, hat mich viel Kraft gekostet, mir aber auch Sieg gegeben.

Pflügen ist eine extrem schwere, schweißtreibende Arbeit und erfordert ganzen Einsatz. Auch das Rausreißen von Dornen, Disteln und Quecken und das Aufsammeln von Steinen kostet Mühe. Wer säen will, kann sich dieser enormen Aufgabe nicht entziehen. Aber der Lohn ist ihm gewiss. Wie sehr habe ich mich mit meinem Vater gefreut, wenn wir am Sonntag auf unserem Dachsfeld spazieren gingen und den frisch sprießenden Weizen auf dem Acker entdeckten. Reihe an Reihe, wie mit dem Lineal gezogen stand er da. Das Getreide wuchs prächtig und nur wenige Monate später wogte das ganze Feld sachte im Wind. Ähren bildeten sich und je reifer die Frucht wurde, desto mehr neigten sich die Halme der Erde zu. Und dann kam die Ernte. Der goldgelbe Weizen wurde in Bündeln vom Acker auf den Dreschplatz gefahren. Jedem Landwirt schlägt das Herz höher, wenn er die Mühe seiner Arbeit sieht, wie die Körner in die Säcke rieseln und er sie abends mit dem Wagen auf den Speicher transportiert. Die Hungersnot ist dann gebannt. Kein Kind muss länger klagen: „Mutter, ich will Brot." Der Tisch ist reichlich gedeckt. Wer das wie ich schon erlebt hat, der kann nur unserem gewaltigen Schöpfer danken, der zu unserer aufopferungsvollen Mühe das Gedeihen gegeben hat.

Die Jahreslosung 2013

Sobald die Losungen für das Neue Jahr auf den Markt kommen, muss ich sie nachschlagen und sehen, was Gott mir durch sein Wort zugedacht hat. So war es auch in diesem Jahr. Am dritten Januar begrüßte mich mein Mann mit dem Losungsbüchlein in der Hand und lachte. „Na, da kommt so einiges auf mich zu“, meinte er und ich lächelte zurück; denn schon längst vor ihm hatte ich den Vers aus 3. Mose 19,34 gelesen. Dort heißt es: „Der Fremdling soll bei euch wohnen wie ein Einheimischer.“ Und der Lehrtext aus Hebräer 13,2 lautete: „Gastfrei zu sein, vergesst nicht; denn dadurch haben einige ohne ihr Wissen Engel beherbergt.“

„Da bin ich aber gespannt.“ Mit diesen Worten drückte mich mein Mann fest an sich, gab mir einen Kuss auf die Wange und gratulierte mir zum Geburtstag. Dann fügte er noch hinzu: „Nun möchte ich es gerne wissen, wie viele Engel an unsere Tür klopfen werden.“ Zum besseren Verständnis muss ich noch hinzufügen: Mein Mann ist ein stiller, in sich gekehrter Mensch. Er liebt Bücher und das wissenschaftliche Denken und ist glücklich, wenn es in unserer Familie nicht allzu viele Veränderungen gibt. Ich hingegen liebe Überraschungen und zeige großes Interesse für Fremde. Erblicke ich in unserer Stadt einen Afrikaner, dann lasse ich meinen Mann plötzlich stehen, wechsle auf den gegenüberliegenden Bürgersteig und beginne ein Gespräch mit dem Ausländer. Schon oft habe ich Flüchtlinge und Studenten aus fremden Ländern zu uns eingeladen. Ich bin ja auch nicht in Deutschland geboren, sondern meine Wiege stand in der Ukraine, direkt am Schwarzen Meer.

Wir wohnen nun schon fast 50 Jahre in Marburg und das Diakonische Werk weiß um mein offenes Herz für Menschen in Bedrängnis. Aus verschiedener Herren Länder sind schon junge Leute unsere Gäste gewesen. Und wenn ich selbst keinen Raum für sie habe, telefoniere ich so lange in der Stadt herum, bis ich irgendeine Unterkunft für einen Obdachlosen oder Hilfsbedürftigen ausmachen kann. Vor allen Dingen aber sind es Studenten, die nur schwer ein Zimmer finden, wenn ein neues Semester begonnen hat.

Im Augenblick haben wir mehr als 22 500 junge Studierende, die dringend ein Dach über dem Kopf suchen.

Vielleicht hängt meine Fürsorge für Hilfsbedürftige auch mit meinem Konfirmationsspruch zusammen: „Was ihr getan habt einem meiner geringsten Brüder, das habt ihr mir getan“ (Matthäus 25,40). Oft bin ich selbst überrascht, wie Jesus mir gute Gedanken und Hilfsmöglichkeiten schenkt. Dabei leitet mich das Gebet für den andern, das oft erhört wird.

Einige unserer Mitbewohner sind mir in lebhafter Erinnerung geblieben. Eines Tages rief mich die Sozialarbeiterin aus der Chirurgie an. „Frau Bormuth, ich habe hier einen Patienten, der nächste Woche entlassen werden soll. Er hat als Gastarbeiter aus Spanien in einem Sägewerk Arbeit gefunden. Leider hat er einen schweren Unfall erlitten. Der linke Arm wurde ihm am Ellbogen abgetrennt. Nun muss er sich an die neue Situation gewöhnen, was sicher sehr schwer für ihn ist. Könnten Sie ihn in Ihre Familie aufnehmen und ihm helfen, in seinen Alltag zurückzufinden? Von dem Diakonissenhaus wurde mir Ihr Name genannt. Vielleicht könnten

Sie auch für ihn kochen, den Einkauf tätigen und die Wäsche waschen. Auch sein Zimmer müsste regelmäßig geputzt werden." Ich überlegte kurz, sprach mit meinem Mann und gab dann der Sozialarbeiterin eine Zusage.

Wie ein Häufchen Elend stieg Herr Cano eine Woche später die Treppe in sein Zimmer hoch. Der deutschen Sprache war er noch nicht mächtig. Dazu kam seine schwere Verletzung. All das bedrückte ihn und machte ihm arg zu schaffen. Geholfen haben ihm unsere heranwachsenden Kinder, die gern an seinem Bett saßen und ihn aufmunterten. Während ich in der Küche das Essen richtete, spielten unsere Jungen mit ihm Karten oder sahen sich spannende Fußballspiele im Fernsehen an. Immer besser wurde die sprachliche Verständigung mit unserem neuen Gast. So taute Vincente Cano immer mehr auf und erzählte uns viel von seiner Familie in Valencia. Vor allen Dingen berichtete er Interessantes von seiner Ältesten und man merkte ihm an, wie stolz er auf sie war.

An einem heißen Sommertag klingelte ein Taxifahrer an unserer Tür. Mit einem Brief in der Hand erzählte er mir: „Diese junge

Dame, die gerade aus meinem Auto steigt, kam mit Ihrer Adresse im Frankfurter Flughafen an den Taxistand und wollte zu Ihnen nach Marburg gebracht werden. Können Sie mir 136 DM bezahlen?" Ich schaute mir den Umschlag näher an, überlegte und kam zu der Einsicht: Das könnte Joakina aus Spanien sein, obwohl sie mit ihren blond gefärbten Haaren ihr Aussehen stark verändert hatte. Weil ich wusste, dass der Vater mir das Geld geben würde, bezahlte ich den Taxichauffeur und bat die junge Dame ins Wohnzimmer.

Bildhübsch war sie. Eine Verständigung mit ihr war nicht möglich, da sie kein Wort Deutsch sprach. Zwei Stunden später kam Herr Cano nach Hause. Als ich ihn zu seiner Tochter führte, gab es eine stürmische Begrüßung, bei der nicht nur der Tochter, sondern auch dem Vater vor Freude die Tränen über die Wangen flossen. Seine Joakina war gekommen. Ich stand daneben, war auch bewegt und überlegte: Wo lasse ich das junge Mädchen nur schlafen?

Unsere beiden Jüngsten quartierte ich zusammen in ein Zimmer um und unser Gast war glücklich, eine Unterkunft gefunden zu haben. Wie lange unsere Besucherin bleiben würde, darüber ließ Herr Cano kein Wort fallen. Es verging eine Woche, dann zwei, und allmählich fingen unsere Buben an, sich bei mir über die Enge in ihrem kleinen Zimmer zu beschweren. „Mama, noch nicht einmal unser Lego können wir aufbauen." In der dritten Woche wagte ich ein Wort zu Herrn Cano und fragte behutsam, wann uns denn seine Tochter wieder verlassen wolle.

„Frau Bormuth", lamentierte er, „Joakina gute Mädchen, Joakina muss bleiben in diese Hause. Joakina muss kochen für mich und für dich und muss machen alles pico bello."

So blieb die Spanierin und kochte fleißig in meiner Küche auf ihre Weise. Morgens stellte sie ihren Topf auf den Herd und ging dann zum Einkaufen oder zum Frisör in die Stadt. Die Bohnensuppe köchelte langsam auf der Herdplatte vor sich hin. An einem Mittag wollte ich selbst auch kochen und betrat meine Küche. Ich traute meinen Augen kaum. Von der Decke tropfte die Suppe und der Deckel des Kochtopfs lag unter der Eckbank. Meine Gardinen zeigten sich mir in einem völlig neuen Muster. Der Fußboden war mit Bohnen und Kartoffeln übersät und recht glitschig. Meine Tapeten an der

Wand wiesen riesige Flecke in verschiedenen Farben auf. Ich war entsetzt. Was war passiert? Der Dampfkochtopf war mit großer Wucht explodiert und sein Inhalt hatte sich in der Küche verteilt. Ich rief laut die Treppe hoch: „Joakina, komm schnell zu mir herunter!“, denn sie war voll bepackt mit Taschen vom Einkaufen nach Hause gekommen. Da stand unsere Spanierin vor mir in der Tür, schlug die Hände über dem Kopf zusammen und schrie laut: „O Mama mia, große Katastrophe!“

Zwei Stunden waren wir dann beide beschäftigt, um dieses Chaos einigermaßen zu beseitigen. Das war eine kräftige Schinderei, denn die Bohnen waren in jede Ritze gedrungen. Obwohl ich über dieses Malheur im ersten Moment verärgert war, so war ich doch froh, dass niemand in der Küche gewesen war, als der Dampfkochtopf explodierte. Die kochende Suppe hätte schlimme Verletzungen verursachen können.

Zwei Tage später saß unsere Familie um den Mittagstisch versammelt und wir ließen uns den Kartoffelsalat mit Würstchen schmecken. Da öffnete sich die Küchentür und Joakina betrat mit einem neuen Topf in den Händen unsere Küche. „Papa, zieh den Sturzhelm auf! Joakina kocht wieder", mahnte unser Fünfjähriger. Da musste sogar unsere Spanierin lachen und wir mit ihr.

Etwa zwei Jahre blieb Joakina unser Gast. Dann lernte sie Paolo in Marburg kennen und die beiden heirateten. Unsere Familie war zur Hochzeitsfeier eingeladen. Mich aber freute es, dass wir in Frieden und Eintracht diese Zeit miteinander verbracht haben. Joakina zog zu ihrem frisch angetrauten Ehemann in die Wohnung und nahm auch ihren Vater mit dorthin. Wir aber blieben Freunde.

Johannes Busch – ein Rufer zu Jesus

Es war mein erstes Studienjahr in Marburg, wo ich mich als Theologiestudentin eingeschrieben hatte. Da traf mich die schreckliche Nachricht, dass Pfarrer Johannes Busch schwer verunglückt war. Einige Monate zuvor hatte ich ihn zum ersten Mal in einer großen Kirche predigen gehört und andächtig seinen Ausführungen gelauscht. Seine Predigt war wortgewaltig, riss uns junge Menschen mit und auch ich war hell begeistert von seiner Verkündigung. Er redete nicht nur, sondern malte uns die Person Jesu Christi vor Augen. Wie ermutigt war ich, mich zum Dienst Christi gebrauchen zu lassen und andere Kommilitonen ins Boot Jesu zu ziehen.

Am 28. Januar 1956, es war an einem Samstag, hatte ihn noch ein väterlicher Freund gebeten, seinen Vortrag in einer Diasporagemeinde bei einem Jungmännertag abzusagen. Der Winter war recht frostig und auf den Straßen herrschte Glatteis. „Du weißt“, antwortete ihm Johannes Busch, „ich muss fahren. Du kennst doch meine Berufung: Die Sache des Königs hat Eile. Und übrigens steht im Evangelium nicht geschrieben, dass ich ein alter Mann werde. Ich will die Botschaft von Jesus weitertragen, solange Gott einen Atemzug in mir lässt.“ Außerdem waren die besorgten Worte seines Freundes überflüssig, denn die Straßen waren von Schnee und Glatteis befreit. So fuhr Johannes Busch los. Am Steuer saß sein treuer Chauffeur Unger. Es war zunächst eine ruhige, angenehme Fahrt Richtung Cochem an der Mosel. Aber plötzlich tauchte ein Mercedes auf. Ein junger Mann fuhr von einer Karnevalsveranstaltung nach Hause. Ungeachtet des Verbots hatte er doch Alkohol getrunken. Mit vehementer Wucht raste dieser schwere Wagen auf der falschen Straßenseite auf den kleinen Volkswagen von Pfarrer Busch zu. Der Mercedes überschlug sich und blieb mit den Rädern nach oben liegen. Dem Raser war nichts passiert. Noch ganz benommen vor Schreck kroch er aus dem Wrack seines Wagens und ging auf den kleinen, demolierten Volkswagen zu. Er sah den toten Fahrer, dessen Genick gebrochen war. Wie es um den Beifahrer stand, konnte er nicht feststellen. Der Betrunkene war zu Tode erschrocken und floh entsetzt in die Weinberge, anstatt Hilfe zu holen. Etwa nach einer halben Stunde wachte Johannes Busch aus der Bewusstlosigkeit auf und rief: „Warum fahren wir nicht?" Im trüben Licht des Mondes erkannte er, dass sein Chauffeur reglos da saß. Er ergriff seine Hand und merkte sofort, dass sein Freund tot war. Er selbst verspürte einen heftigen Schmerz in seinem rechten Bein. Er wollte aus dem Auto springen, aber merkte sofort, dass er es nicht konnte. Ihm blieb nur die Angst auf der nächtlichen Straße. Wichtige Zeit verstrich sinnlos. Erst nach einer langen Zeit des Wartens kam ein Auto an die Unfallstelle. Der Fahrer hielt sofort an und leitete eine Hilfsaktion ein. Johannes Busch kam in ein Krankenhaus. Sein Bein war mehrfach gebrochen und er war verzweifelt. So äußerte er sich einem Freund gegenüber: „Nun muss ich vielleicht wochenlang hier liegen, wo doch die Arbeit an allen Ecken und Enden drängt." Nach kurzem Überlegen fügte er noch hinzu: „Gut, das will ich alles ertragen.

Aber dass mein Freund Unger tot ist, belastet mich unsagbar."

Das Krankenlager wurde für den eifrigen Verkündiger im CVJM zu einer großen Herausforderung und doch führte Gott seinen Boten in eine tiefe Stille hinein. Seine Schmerzen wollten kein Ende nehmen. Er geriet in heftige Anfechtungen. Aber Gott ließ ihm auch wunderbare Tröstungen zuteilwerden. Junge Männer teilten ihm in Briefen mit, wie stark sie von seiner Verkündigung angesprochen und dadurch zu Jesus auf eine neue Spur gekommen waren. Nun durfte Johannes Busch erkennen, wie viel Frucht sein Dienst im CVJM und weit darüber hinaus gebracht hatte, wenn er in Gottesdiensten oder bei Posaunenfesten gepredigt hatte.

An einem Tag plagten ihn die Schmerzen besonders stark. Er wusste fast nicht mehr, wie er mit seinen bohrenden Qualen fertigwerden sollte. So schaltete er das Radio ein und hörte eine wunderbare Bachkantate. Machtvoll ertönte der Schlusschoral:

Gott hat es also wohl bedacht
und alles, alles recht gemacht.
Gebt unserm Gott die Ehre.

„Dieses Lied ist mir unter die Haut gegangen", berichtete er später in einem Brief. „Es hat mich im Innersten berührt und ich meinte, ich sei schon im Himmel." Die Ärzte wollten ihm mit einer Operation helfen und waren entsetzt, dass die Wunde schon zu eitern anfing. Die Schmerzen waren nicht mehr zu ertragen und allmählich stand fest, dass das Bein amputiert werden musste. In dieser Zeit stand ihm sein Bruder Wilhelm treu zur Seite.

Einmal sagte Johannes zu seinem Bruder: „Gestern war ich ganz verzweifelt. Jetzt bin ich ein Krüppel. Wie kann ich als Krüppel Jugendpfarrer sein? Im vergangenen Jahr war ich mit meinen Kindern in den Schweizer Bergen. Aber nun wird mir dies nie mehr möglich sein. Zugleich musste ich an das Bibelwort denken: Gott hat seinen eigenen Sohn nicht verschont, sondern hat ihn für uns alle dahingegeben. Wie sollte er uns mit ihm nicht alles schenken? Da erfuhr ich erneut, welch große Gabe uns Gott mit seinem Sohn Jesus gemacht hat, und ich musste mir sagen: Gott hat so viel für dich getan. Wie willst du Narr wegen eines lumpigen Beins jammern?"

Schließlich stellte sich heraus, dass die Schmerzen ins Unerträgliche stiegen. Sein Leben war nun nicht mehr zu retten. Er sagte noch: „Äußerlich geht es mir miserabel. Die Ärzte bekommen die Schmerzen nicht mehr in den Griff. Aber innerlich bin ich ganz fröhlich." Mit dieser Gewissheit wurde Johannes Busch am 14. April 1956 von seinem Herrn in die Ewigkeit abberufen. Ein Leben voller Einsatz und vieler Segnungen ging zu Ende, aber das ewige Leben führte ihn zur Vollendung.

Ich war unsäglich traurig und verstand nicht, wie solch ein hoffnungsvoller Bote Jesu abrupt aus seiner Arbeit gerissen werden konnte. Wie viele Christen hatten für seine Heilung gebetet. Auch wir in der Studentenmission trafen uns jeden Tag zum Mittagsgebet in der Universitätskirche und nannten den Namen des Pastors vor Gott. Aber wer kann schon die Führungen unseres himmlischen Vaters verstehen? Und wer sind wir, dass wir fragen: „Warum, Herr?" Antwort auf meine Fragen habe ich nicht erhalten, aber ich lebe von dieser Gewissheit: Gott wird auch über uns das letzte Wort sagen und es wird immer ein barmherziges

Wort sein. Das Schönste kommt noch durch die Auferstehung, die Jesus seinen Jüngern verheißen hat. So bleibt das Wort bestehen: „Leben wir, so leben wir dem Herrn; sterben wir, so sterben wir dem Herrn. Darum, wir leben oder sterben, wir sind des Herrn."

Die erfüllte Bitte

Endlich war ich nach meinem Unfall aus der Klinik entlassen worden. Noch fühlte ich mich schwach auf den Beinen und mein Arm schmerzte mich noch mehrere Tage lang. Ich litt auch an Appetitlosigkeit, lag traurig im Bett und hoffte auf Besserung. Am 14. Februar stand mein erster Vortragsdienst auf meinem Terminkalender. Würde ich nach Wallau fahren können? Mein Mann machte mir viel Mut, betete für meine Genesung und stellte mir Rotbäckchensaft auf den Nachtschrank, der die Blutbildung fördern sollte. Und wirklich, nach zehn Tagen ging es mir besser. Ich begann an meinem neuen Weihnachtsbuch zu arbeiten und vergaß darüber meine Verzagtheit. Außerdem erreichte mich der Anruf eines älteren Herrn, der mir für mein neuestes Buch danken wollte. Schon der Titel „Wer Liebe wagt" habe ihn inspiriert und ihn daran erinnert, sein Christsein mit guten Taten zu füllen. Er sagte zu mir: „Ihre Geschichten sind so lebensnah und fröhlich. Bitte, schicken Sie mir ein größeres Paket von dieser Neuerscheinung." Das hat mich natürlich munter und quicklebendig gemacht. Jeder Autor ist über solch einen Anruf erfreut. „Ich möchte diese Bücher an meine Nachbarn und Bekannten verteilen", fügte der Anrufer noch hinzu.

Als ob diese freudige Mitteilung noch nicht genug des Glücks wäre, las ich am Morgen die Losung des 13. Februar: „Nun hat der Herr mir die Bitte erfüllt, die ich an ihn gerichtet hatte" (1. Samuel 1,27). Auch der Lehrtext war wie für mich ausgesucht: „Alles, was ihr bittet in eurem Gebet, glaubt nur, dass ihr's empfangt, so wird es euch zuteilwerden" (Markus 11,24).

Auch der dazugehörige Liedvers ermutigte mich:

Was mich dein Geist selbst bitten lehret,
das ist nach deinem Willen eingericht'
und wird gewiss von dir erhöret,
weil es im Namen deines Sohns geschieht,
durch welchen ich dein Kind und Erbe bin
und nehme von dir Gnad um Gnade hin.

Die Losung half mir, meinen Blick nach vorne zu richten und Jesus zu vertrauen. Er würde mir beistehen, diesen Vortragsdienst auszurichten. Voller Zuversicht und Mut fuhr ich in das kleine Industriestädtchen und war über den sehr guten Besuch hocherfreut. Außerdem hatten sechs Mitarbeiterinnen für diesen Nachmittag herrliche Torten gebacken und auf einem dekorierten langen Tisch angerichtet: Schwarzwälder Kirschtorte, Bananentorte, italienische Cremeschnittchen, Buttercremetorte, Windbeutel und Schokoladenkuchen. Schon der Anblick dieser Köstlichkeiten ließ mir das Wasser im Mund zusammenlaufen. Jetzt bekam ich endlich wieder Hunger nach so vielen Tagen der Appetitlosigkeit. Es schmeckte mir und den Besuchern alles wunderbar und darüber hatte ich meinen Unfall gänzlich vergessen. Es wurde ein reich gesegneter Nachmittag. Die Frauen hörten aufmerksam zu. Unter dem Thema „Pflüget ein Neues und sät nicht unter die Hecken“ nahm ich meine Zuhörerinnen hinein in meinen Alltag mit seinen belastenden, aber auch frohen und glücklichen Erfahrungen. „Kommen Sie ja bald wieder!“ So bat mich eine Reihe von Frauen, als sie sich um den Büchertisch drängten. „Es war einfach schön mit Ihnen!“

Mit einigen der Gäste konnte ich noch seelsorgerliche Gespräche führen.

Am Abend las ich noch einmal die wunderbare Losung und konnte Gott nur von ganzem Herzen danken. „Du, Gott, stellst meine Füße auf weiten Raum“, lobte ich meinen Herrn.

Das Gebet am Krankenbett

Das war heute ein wunderbarer Morgen. Ich habe Frau Zipper angerufen. Sie wohnt in Straubenhardt am Fuße des Schwarzwalds. Nach einem Schlaganfall liegt sie schwer krank zu Bett. Gestern erhielt ich einen lieben Brief von ihrer Nichte, der mich sehr ermutigt hat:

Liebe Frau Bormuth,
ich bin die Nichte von Frau Johanna Zipper. Ihre Bücher machen uns so viel Freude. Danke! Meine Tante hatte vor zwei Jahren einen schweren Schlaganfall. Seitdem ist sie rechtsseitig gelähmt, kann nicht mehr sprechen, weil das Sprachzentrum beschädigt ist, sitzt immer für vier Stunden im Rollstuhl, ist inkontinent, aber im Kopf klar. Sie stammt aus einer Pastorenfamilie und im vorigen Jahr hat sie von unserem Pfarrer zu ihrem achzigsten Geburtstag das erste Buch aus Ihrer Feder geschenkt bekommen. Wir

haben in der Familie ihre häusliche Pflege organisiert, sodass sie nicht in ein Pflegeheim musste. Nachmittags lesen wir immer ein bis zwei Geschichten aus Ihren Büchern vor. Das zaubert ein Lächeln auf das Gesicht unserer Tante und macht sie glücklich. Wir haben inzwischen schon sechs Bücher von Ihnen. Drei davon sind schon ausgelesen.
Ich wünsche Ihnen alles Liebe und Gute und sende Ihnen herzliche Grüße
Ihre K. Siewert

Solche Briefe geben mir viel Mut. Es ist für mich nicht immer leicht, Wochen und Monate hinter dem Computer zu sitzen und Geschichten vom Erleben mit Gott zu Papier zu bringen. Gerade eben habe ich die letzten Zeilen eines Buches fertiggestellt. Natürlich frage ich mich: Werden meine Leser Freude daran haben? Helfen ihnen die Zeugnisse von Jesus und seinen großen Taten in ihrem Leben? Habe ich die rechten Worte gefunden? So ist es für mich eine besondere Stärkung, wenn ich solch liebe Briefe wie den von der Nichte von Frau Zipper erhalte.

Ich rief sofort bei Frau Zipper an und auch

mein Gespräch mit ihr tat mir so wohl. Ich dankte ihr für die Zeilen, die ihre Nichte in ihrem Auftrag geschrieben hatte. Eine Logopädin war gerade bei ihr und es ist erstaunlich, dass sie trotz der schweren Erkrankung allmählich wieder sprechen lernt. Das Telefon war auf laut gestellt und so konnte Frau Zipper meinen Dank selbst hören. Wie mir die Logopädin sagte, seien ihr Tränen der Freude und Überraschung über die Wangen gelaufen. Ich sprach dann noch ein Gebet für die Kranke, weil ich aus eigener Erfahrung weiß: Beten ist die beste Medizin. Deutlich hörte ich, wie sie laut „Amen" sagte. Und am Schluss folgte noch: „Danke!" Dies sind wohl die ersten wenigen Worte, die sie durch die logopädische Betreuung gelernt hat.

Wie ganz anders sieht mein Tag aus, wenn ich weiß, dass ich einen schwer kranken Menschen glücklich gemacht habe. Jeden Morgen nehme ich mir auf meinem Sofa Zeit, um für Menschen zu beten, die besondere Hilfe von Gott brauchen. Eine ganze Liste von Namen liegt dann vor mir. Einige will ich nennen:

Da ist Luise. Sie hatte vor zwei Monaten

einen schrecklichen Verkehrsunfall. Die Vorfahrt hatte sie nicht beachtet. Aus eigenem Erleben weiß ich, wie bedrückend solch ein selbst verschuldeter Unfall ist. Wir hatten selbst einmal solch einen Unfall. Elend ist einem dann zumute. Jetzt, nach über zwei Monaten, in denen wir nicht wussten, ob sie überleben würde, erhörte Gott unsere Gebete. Es geht ihr jetzt besser und sie kommt schon in die Reha. Wie habe ich um ihr Leben gebangt und manchmal schon ihr Leben aufgegeben, wenn sich immer wieder neue Schwierigkeiten bei den Operationen ergaben. Aber Gott braucht diese tapfere Christin in seinem Dienst. Wie sehr hat sie sich in ihrem Leben gerade um bedürftige Menschen gekümmert. Bei der Heiligabendfeier für Bedürftige und Flüchtlinge, die mein Mann und ich schon seit Jahrzehnten verantworten, kocht sie viele Liter alkoholfreien Punsch für unsere 160 Gäste. Wenn ich ihr die Zutaten bezahlen will, wehrt sie jedes Mal ab. Wie glücklich bin ich, dass es ihr nach solch gefährlichen Tagen jetzt besser geht.

Von einer ehemaligen Klassenkameradin weiß ich, dass sie am Bein operiert werden musste. Leider ist der Eingriff nicht gelungen und sie bangte um ihr Bein. Auch ihr Mann wurde schwer krank und musste in das gleiche Krankenhaus eingeliefert werden. An dem Abend, bevor er plötzlich starb, stand er noch am Bett seiner Frau. Herzlich haben sie sich dann für die Nacht voneinander verabschiedet. Am Morgen wurde Gisela dann vom Arzt informiert, dass ihr Gatte ganz unerwartet verstorben sei. Welch schrecklicher Schicksalsschlag! Am Telefon sagte sie mir: „An Gott könnte ich verzweifeln. Verstehen kann ich ihn nicht in seinem Handeln. Noch nicht einmal zur Beerdigung kann ich gehen." In solchen Situationen versagen mir meine Worte, aber meine Hände falten sich zum Gebet.

Namen um Namen könnte ich anfügen, die ich Gott ins Ohr hineinrufe. Er will unser Vater sein und ermutigt uns durch sein Wort: „Rufe mich an in der Not, so will ich dich erretten, und du sollst mich preisen." Weil meine Liste für die Fürbitte so lang geworden ist, habe ich mir einen Plan entworfen. Sieben Tage stehen mir in jeder Woche zur Verfügung. Keinen Namen will ich vernachlässigen. Es macht mich so froh, dass wir bei unserem Herrn nie arbeitslos werden. Bis an unser Lebensende dürfen wir Arbeiter in seinem Reich sein. Ich muss nur selbst auf mich acht haben, dass ich in diesem Dienst treu erfunden werde. Darum will ich heute noch mein neues Buch mit einer wunderschönen Widmung an Frau Zipper schicken: „Heile du mich, Herr, so werde ich heil; hilf du mir, Gott, so ist mir geholfen."

Eine Begegnung auf dem Friedhof

Heute an diesem wunderschönen sonnigen Tag nach viel Regen und heftigen Windböen wollten mein Mann und ich auf den Friedhof gehen. Wir mussten die Blumen auf Alexanders Grab gießen. Außerdem kann man hier spazieren gehen und sich dann in der Sonne auf eine Bank setzen, wenn man müde geworden ist. Hinter uns hörte ich Schritte immer näher kommen und eine jüngere Frau überholte uns. Sie blieb in der Nähe von unserm Grab stehen. Behutsam ging ich auf sie zu, denn sie machte einen überaus traurigen Eindruck. „Darf ich fragen, wen Sie betrauern?“ Die junge Frau schaute zu mir auf. „Es ist mein Mann.“ Ich las den Namen und die Daten am Holzkreuz und war überrascht, dass es sich um einen recht jungen Menschen handelte. „Ihr Gatte ist aber sehr früh gestorben. War er sehr schwer krank? Oder hat ihn ein Unfall getötet?“ Die Frau blickte traurig auf die schönen Stiefmütterchen, die das Grab schmückten, und schwieg. Nach einer Weile begann ich wieder das Gespräch. „Ihrer Sprache nach zu urteilen kommen Sie aus Russland. Ich bin selbst in der Ukraine geboren und habe als Kind sehr gut Russisch gesprochen. Ich vermute, Sie kommen aus Kasachstan oder Kirgisien."

„Ja, Sie haben recht. Kasachstan ist meine Heimat. Dort bin ich geboren. Aber seit zwanzig Jahren sind wir in Deutschland. Als ganz junge Familie hat es uns mit drei kleinen Kindern hier ins Hessenland verschlagen. Ab und zu sehne ich mich noch immer nach meiner Heimat." „Alexander, dessen Grab ich pflege, stammte auch aus Kasachstan", erzählte ich der jungen Witwe. „Kommen Sie mit, ich zeige Ihnen, wo er in der fremden Erde seine Ruhestatt gefunden hat. Mehrere Jahre hat er bei uns gewohnt. Ich wusste, dass er schwer an Magenkrebs erkrankt war. Mehrere Wochen lag er in der Klinik auf den Lahnbergen. Nach einer risikoreichen Operation erholte er sich zunächst gut und wurde entlassen. Ich hatte gehofft, dass er diesen schlimmen Krebs überwunden hätte. Aber dann merkte ich, dass in seinem Zimmer schon mehrere Tage kein Licht gebrannt hatte. Die Tür war verschlossen. In beiden Krankenhäusern Marburgs suchte ich ihn. Aber dort war er nicht als Patient gemeldet. Ich war sehr unruhig, rief die Polizei an, ob sie mir über sein Verbleiben Auskunft geben könnten. ‚Nein, aus Datenschutzgründen ist dies nicht möglich', erhielt ich zur Antwort. – ‚Aber ich bin in Sorge um unseren Mieter. Schon seit drei Wochen bleibt es in seinem Zimmer dunkel.' – ‚Regen Sie sich nicht auf! Der Mann ist volljährig und darf reisen, wohin er will.' So waren mir die Hände gebunden. Wo hätte ich ihn auch suchen sollen? Erst drei Tage nach seiner Beerdigung teilte mir ein Freund von Alexander mit, dass er gestorben war."

„Aber das ist sehr freundlich von Ihnen, dass Sie sein Grab schmücken", sagte die junge Mutter.

„Unser Freund hat keine Angehörigen, die dies tun könnten. Wie ich erfahren habe, lebt seine Mutter in Moskau und ist schon 92 Jahre alt. Aber vielleicht können wir uns in die Sonne auf eine Bank setzen", machte ich einen Vorschlag.

Still saßen wir beide eine Zeit lang da und genossen die wohltuende Wärme. Dann aber kam es stockend über die Lippen meiner Begleiterin: „Als sie und ihr Mann Arm in Arm vor mir den langen Weg auf dem Friedhof hergingen, musste ich an meinen Traum denken, den ich schon in jungen Jahren träumte. Genauso wie Sie wollte ich mit meinem Partner spazieren gehen, wenn wir alt wären. Aber nun bin ich allein übrig geblieben und mein Traum ist wie eine Seifenblase zerplatzt. Ich bin so einsam, obwohl ich in einem Hochhaus am Richtsberg mit vielen Menschen wohne. Ich kenne gerade mal die Namen meiner Mitbewohner auf meinem Stockwerk, die auf dem Klingelschild angebracht sind. Warum hat mir mein Mann dies angetan und mich mit drei Kindern allein zurückgelassen? Sie müssen wissen, mein Mann hat sich das Leben genommen. Schon seit zwei Jahren litt er an Depressionen. Er wurde sogar ärztlich in der Psychiatrie betreut. Als er aber entlassen wurde, wollte er die Medikamente nicht mehr einnehmen. Es ging ihm auch besser. Aber nach einigen Wochen traten erneut Depressionen auf. Diesmal wollte er seine Niedergeschlagenheit mit Alkohol betäuben und war nicht dazu zu bewegen, wieder in die Klinik zu gehen. Seiner Arbeit als Metallbauer konnte er noch nachkommen, aber an den Wochenenden und im Urlaub griff er zu Wodka und anderen alkoholischen Getränken im Übermaß. Ich versuchte mit ihm zu reden und warnte ihn: ‚Victor, hör auf, so viel Schnaps zu trinken.' Aber alle meine Worte waren in den Wind gesprochen. Viel zu spät merkte er, dass er zum Alkoholiker geworden war. Eines Nachts kam er nicht nach Hause. Mit Freunden machte ich mich auf den Weg, um ihn zu suchen. Aber vergeblich durchstreiften wir die Altstadt Kneipe um Kneipe. Wir schauten auch, ob wir meinen Mann im Wald finden konnten und gingen auch die Bahngeleise entlang. Aber Viktor blieb verschwunden. Nach zwei Tagen meldete ich meinen Mann bei der Polizei als vermisst.

Es war ein schrecklicher Augenblick, als die Beamten ein paar Tage später an meiner Tür klingelten und mir die Hiobsbotschaft überbrachten: ‚Ihr Mann wurde tot aufgefunden.'

Warum nur hat mir mein Mann dies angetan? Ich habe ihn doch so geliebt. Auch meine Kinder waren verzweifelt und das Elend brach über uns herein. Natürlich machte ich mir Vorwürfe, heulte und schrie in meine Kissen. Warum musste dies geschehen? Was sollte nun aus mir und meinen drei Kindern werden? Meine Eltern eilten herbei und versuchten mir beizustehen. Auch die Pfarrerin, die meinen Mann beerdigte, tröstete mich. Aber wer kann eine so tiefe Wunde heilen? Ein Leben lang wird sie bluten und ich bin am Tod von Viktor schuld. Ich hätte ihn an dem Abend nicht allein fortgehen lassen sollen."

Ich legte meinen Arm um meine Begleiterin. „Sie dürfen sich keine Vorwürfe machen. Wir sind nicht Herren über das Leben der Menschen, auch nicht über das Leben unserer Lieben. Ihr Mann war sehr krank. Die Todessehnsucht war so stark in ihm, dass ihn keiner von der Selbsttötung hätte abbringen können. Nie kann ein Mensch tiefer fallen als in Gottes Hand und der Herr selbst wird über Ihrem Mann das letzte Wort sprechen. Es wird immer ein barmherziges Wort sein."

Still ist es zwischen uns geworden. Nach einer Weile schlug ich der Frau vor: „Kommen Sie, wir gehen noch zu uns. Dort trinken wir noch ein gutes Glas Traubensaft. Übrigens wollte ich Sie auch zu unserm Hausbibelkreis einladen." Dazu ließ sich die junge Frau bewegen. So fuhren wir für ein Stündchen zu uns nach Hause. Dort schenkte ich ihr noch ein Buch von mir und sie erzählte mir vor allem über den Werdegang ihrer Kinder. Nun bin ich gespannt, ob wir weiter in einer guten Beziehung bleiben können.

Eine Überlebende des Holocaust

Manchmal kann ich nur staunen, welch große Wunder Jesus tut. Eine Freundin schickte mir ein kleines Büchlein zu, in dem ich die Lebensgeschichte von Rose Price entdeckte. Sie ist Jüdin und musste schon als Kind mit ihrer Schwester im Konzentrationslager Bergen-Belsen die Qualen von SS-Männern erleiden. Ausgerechnet in die Hände des Menschenschinders Dr. Mengele geriet sie. Er war Lagerarzt und suchte sich besonders Kinder aus, um an ihnen seine teuflischen Operationen zu Versuchszwecken durchzuführen. Rose war 14 Jahre alt, als sie auf seinem Operationstisch landete. Sie und ihre Schwester erduldeten entsetzliche Qualen. Aber Rose überlebte den Holocaust. Ihr Foto ist in diesem Buch abgelichtet und zeigt eine strahlende Frau. So ist mein Staunen sicher berechtigt, wenn ich mich frage: Wie kann ein Mensch nur so wunderbar lächeln, der in der Kindheit solche Folterungen ertragen musste? Das ist ein Geheimnis. Aber es ist mir erschlossen worden; durch ihre Tochter begegnete sie dem Retter und Heiland. Sie nahm Jeschua als ihren Herrn an und wurde dadurch sogar bereit, auch ihrem Peiniger zu verzeihen. Sonst hätte sie diese Last ein Leben lang mit sich herumtragen müssen.

Dafür ist Christus in unsere Welt gekommen, dass er bereit wurde, für uns am Kreuz den bittersten Tod zu erleiden, damit er auf Golgatha unsere Sünden tilgte. Durch sein Leiden will Jesus auch uns ermutigen, zur Vergebung bereit zu werden. Nur so können wir wieder ein Ja zum Leben finden und uns von Jesus ein Lächeln auf unser Gesicht zaubern lassen. Rose Price ist uns ein Beweis für das Wunder, das auf diesem Marterhügel geschah.

Es gibt ein treffendes Lied von Margret Birkenfeld, das mich schon öfter zu Tränen gerührt hat, wenn ich diese Strophen singe:

Für mich gingst du nach Golgatha,
für mich hast du das Kreuz getragen,
für mich ertrugst du Spott und Hohn,
für mich hast du dich lassen schlagen.

Für mich trugst du die Dornenkron',
für mich warst du von Gott verlassen.
Auf dir lag alle Schuld der Welt,
auch meine Schuld; ich kann's nicht fassen.

Herr Jesus Christus, alle Schuld
hast du für immer mir vergeben.
Du hast mich froh und frei gemacht,
du schenkst mir neues, ewges Leben.

Refrain:
Herr, deine Liebe ist so groß, dass ich sie nicht begreifen kann,
doch danken will ich dir dafür.
Herr, deine Liebe ist so groß, dass ich sie nicht begreifen kann.
Ich bete dich an.

Das Foto von Rose Price muss ich mir immer wieder anschauen. In ihr hat Jesus seine große Tat wahr werden lassen. Er hat sie zu seiner Nachfolgerin berufen. Sie gehört zu den messianischen Juden und arbeitet in dem Werk „Ruf zur Versöhnung". Mit Theo Ellesat reist sie von Stadt zu Stadt und hält Vorträge. Fröhlich berichtet sie in Deutschland und der Schweiz, wie Jesus ihr das Grauen der Kindheit nahm und sie zur Botin des Evangeliums machte. Wenn sie erzählt, bleibt bei ihren Zuhörern kein Auge trocken und sie ruft in die Nachfolge Jesu. Ihr Ziel ist es, noch viele Menschen ins Boot Christi zu holen. Ergreifend berichtet sie über die schreckliche Zeit im KZ, weiß aber auch die Heilstat Jesu zu verkünden. Weil er ihr alle Schuld vergeben hat, findet sie auch immer wieder Kraft, ihrem Peiniger von damals zu vergeben.

Einmal war sie gerade auf einer Missionsreise in der Schweiz. In wenigen Tagen wollte sie die Heimreise in die USA antreten. Im Schwarzwald hatte sie die interessanten Kuckucksuhren kennengelernt. Wie gerne würde sie ihrer Tochter eine solche Uhr als Geschenk mitnehmen. „Gibt es diese herrlichen Uhren auch in der Schweiz?“, fragte sie ihren Begleiter. So suchte sie ein Uhrengeschäft auf und entdeckte wirklich die Uhr, die sie kaufen wollte. Sie war noch nicht einmal so teuer. So erstand sie gleich zwei Exemplare, denn sie selbst würde sich auch eine soche Uhr ins Wohnzimmer hängen. So musste sie sich noch zusätzlich einen kleinen Koffer kaufen und packte behutsam ihre Geschenke hinein. Würde sie wohl Schwierigkeiten am Zoll haben?

Am Flughafen gab es dann eine lustige Begebenheit. Die Beamten wollten gerade ihren Koffer unter die Lupe nehmen, da tönte es plötzlich recht laut: „Kuckuck! Kuckuck!" Die Zöllner mussten kräftig und laut lachen. Das war ihnen noch nie passiert, mit einem solch herrlichen Frühlingsruf erfreut zu werden. Natürlich fiel Rose Price auch in ihr Lachen ein. Wer die Lebensgeschichte dieser messiasgläubigen Jüdin kennt, wird sich zu Recht fragen: Ist das möglich, dass ein so gequältes Menschenkind so fröhlich sein kann? Freundlicherweise ließen die Zöllner Rose ungehindert durch den Zoll gehen.

Ich wurde an ein Bibelwort aus Psalm 126,1-2 erinnert: „Wenn der Herr die Gefangenen Zions erlösen wird, so werden wir sein wie die Träumenden. Dann werden unser Mund voll Lachens und unsere Zunge voll Rühmens sein. Dann wird man sagen unter den Heiden: Der Herr hat Großes an ihnen getan. Der Herr hat Großes an uns getan; des sind wir fröhlich."

Das Vermächtnis meiner Großmutter

Dieses Gespräch mit meiner Großmutter werde ich wohl nie vergessen. Ich war 15 Jahre alt und kam von einer christlichen Freizeit nach Hause. Es war an Silvester 1949/50, als ich den Schritt in die Nachfolge Jesu wagte. Mir war noch vieles fremd und am Anfang waren es besonders die Lieder, die meine Verbindung zu Christus stärkten. Meine Großmutter muss wohl als Erste meine Veränderung bemerkt haben, denn ich begann vor dem Essen ein Tischgebet zu sprechen. Sie sah auch, wie ich jeden Morgen im Liederbuch blätterte und sie muss auch mein stilles Beten beobachtet haben. Da fragte sie mich plötzlich: „Lottchen, bist du jetzt bekehrt?" Ich wusste nichts darauf zu antworten, denn der Begriff Bekehrung war mir noch fremd. So schwieg ich. Aber Großmutter half mir bei meinen ersten Schritten des Glaubens durch die Lieder, die sie mit mir sang. So lernte ich zuerst den Choral „Wenn Friede mit Gott meine Seele durchdringt". Dieses Lied berührte mein Herz und ich liebe es bis heute. Erst viele Jahre später erfuhr ich mehr darüber, wie es entstand.

Gedichtet wurde es von Horatio Spafford, der im Staat New York geboren wurde. Von Beruf war er Rechtsanwalt und Immobilienhändler. Durch seine tüchtige Arbeit floss ihm viel Reichtum zu. Die Bewohner Chicagos, es war eine aufstrebende Stadt, schätzten seine Treue und Verlässlichkeit. Das Reich Gottes lag ihm am Herzen und durch seinen missionarischen Einsatz gewann er den bedeutenden Evangelisten Moody und seinen Sänger Ira David Sankey zu Freunden. Aber das Leben von Spafford wurde von dramatischen Unglücksfällen überschattet. Mit dem Tod seines einzigen Sohnes brach über die Familie eine furchtbare Tragödie herein. Das Kind starb 1871 an Scharlach. Die Eltern hatten sich noch nicht von diesem herben Verlust erholt, da geschah die nächste Katastrophe. In Chicago brach eine entsetzliche Feuersbrunst aus. Große Teile der Stadt wurden ein Raub der Flammen. Auch Spafford verlor durch diesen Brand einen beträchtlichen Teil seines Besitzes. Den Raub des Feuers ertrug er mit großer Gelassenheit. Viel schlimmer fand er den Tod von Tausenden Bewohnern dieser Stadt. Er half, wo er konnte, und brachte so besonders den Armen der Stadt Trost und neue Hoffnung. Er erwies sich als aufrichtiger Christ, der die Not der anderen zu seiner eigenen Not machte. Viele Menschen klopften an seine Tür, die alles verloren hatten, und baten um Beistand. Er schickte keinen weg, dem die Feuersbrunst den Boden unter den Füßen weggerissen hatte. Sein Motto hieß: „Ich vertraue Gott gern, auch wenn es etwas kostet."

Wie schwer muss für ihn dieser Ausspruch geworden sein, als ihn kurze Zeit später ein noch viel heftigerer Schlag traf. Seine Frau fuhr mit ihren vier Töchtern auf einem Ozeandampfer nach England. Bei trübem, nebligem Wetter stießen zwei Schiffe zusammen und der Ozeandampfer sank. Frau Spafford war es noch gelungen, sich eine Stunde lang an einem Wrackteil über Wasser zu halten. Sie wurde gerettet, aber ihre vier Mädchen ertranken in den Fluten. Als sie wieder nach England an Land gebracht wurde, schickte sie ihrem Mann ein Telegramm: „Allein gerettet!" Diese Nachricht war für den Vater unglaublich niederschmetternd und traurig. Nun hatte er alle seine Kinder verloren. Er wollte sofort zu seiner Frau fahren. Nach vier Tagen kam sein Schiff an der Unglücksstelle an und der Kapitän erzählte ihm von dieser Katastrophe. Der Gedanke an den Tod seiner vier Töchter war für ihn nur schwer zu ertragen. Seinen Kummer breitete er in der Stille seiner kleinen Kabine vor Gott aus. So wurde aus Sorge Hoffnung. Beim Zusammentreffen in England vermittelte er auch seiner Frau die Gewissheit: „In der Ewigkeit wird unsere Familie wieder in Gottes Herrlichkeit vereint sein.“ Daraufhin schrieb er folgendes Lied:

Wenn Friede mit Gott meine Seele durchdringt,
ob Stürme auch drohen von fern,
mein Herze im Glauben doch allezeit singt:
Mir ist wohl, mir ist wohl in dem Herrn!

Wenn Satan mir nachstellt und bange mir macht,
so leuchtet dies Wort mir als Stern:
Mein Jesus hat alles für mich schon vollbracht;
ich bin rein durch das Blut meines Herrn.

Die Last meiner Sünde trug Jesus das Lamm,
und warf sie weit weg in die Fern;
Er starb ja für mich auch am blutigen Stamm;
meine Seele, lobpreise den Herrn!
Nun leb ich in Christo, für Christum allein;
sein Wort ist mein leitender Stern.
In ihm hab ich Fried und Erlösung von Pein,
meine Seele ist selig im Herrn.

Dabei war ihm bewusst: Mein Körper kann verletzt werden, aber meiner Seele geht es gut. Bei einem Zusammentreffen mit dem wunderbaren, talentierten Komponisten Philip Bliss zeigte er ihm seine Niederschrift. Dieser war so begeistert von seinem Gedicht, dass er sich ans Klavier setzte und die Melodie dazu komponierte.

Unglaublich vielen Menschen ist dieses Lied zum Segen geworden. Und ich bin einer davon.

Worin besteht unser Glück?

Jeder Mensch möchte gern glücklich werden, aber ist dauerhaftes Glück überhaupt möglich? Gehören nicht auch oft Risse und Zerbruch zu unserem Leben? Wenn ich über mein Dasein nachdenke, dann muss ich mir oft eingestehen, dass es Versagen, Enttäuschungen und Scheitern gab. Ich bin nicht immer glücklich gewesen, habe oft geweint und verstand mein Leben nicht.

So erinnere ich mich an ein Erlebnis aus meiner Kindheit. Abends spät kam mein Vater vom Krankenhaus heim und erzählte unserer Oma: „Um Else steht es schlecht. Der Arzt weiß nicht, ob sie diese Nacht durchstehen kann." Ich hörte seine Worte, obwohl sie nicht für meine Ohren gedacht waren. Aber Vater war der Meinung, ich schliefe schon fest. Als das Licht gelöscht war und ich allein in meinem Bett lag, weinte ich viele Tränen. Ich faltete auch meine Hände und betete. „Herr Jesus, rette meine

Mutti! Wenn du dies tust, dann will ich dir tausendmal Dank sagen.“ Schon am nächsten Tag auf meinem Weg zur Schule fing ich an, Gott zu danken. Und mein kindliches Gebet wurde von meinem Vater im Himmel erhört. Durch eine Bluttransfusion gelang es dem behandelnden Arzt, meine Mutter vor dem Tod zu bewahren, jedenfalls erfuhr ich dies so von meinem Vater. Ich aber wusste, wer ihr eigentlich das Leben erhalten hatte, und hörte nicht auf, Gott dafür zu danken.

Mein zweites Erlebnis:

Es war Ende April 1945. In der Nacht hörten wir, wie in unserer Nähe das wunderschöne Dorf Königerode im Harz durch Granatfeuer total zerschossen wurde. Tags zuvor waren wir auf unserer Flucht noch durch eben diesen Ort gefahren und hatten beim Bürgermeister und bei den Bauern gefragt, ob wir hier nicht eine Bleibe finden könnten. Meine Mutter stand kurz vor der Geburt ihres vierten Kindes. Aber wir wurden abgewiesen. „Fahren Sie nur weiter! Wir sind ganz überfüllt mit Flüchtlingen und Bombengeschädigten.“ Darüber waren wir ärgerlich, ja wütend, dass uns niemand aufnehmen wollte. Wir irrten auf den Straßen hin und her und wussten nicht, wohin wir fahren sollten. Unterdessen wurde es Nacht. Mein Vater wählte den nächsten Weg von der Hauptstraße ab und wir landeten in dem kleinen Flecken Braunschwende. Hier fragten wir nicht mehr die Bauern, ob wir bleiben könnten, sondern stellten unseren Wagen in dem Torbogen eines Gehöfts ab, kletterten herunter und suchten das Gasthaus auf. Der Saal neben der Gaststube war mit Militär total überfüllt. Wir holten uns unsere Decken, legten uns einfach auf den Boden und waren dankbar, dass ein Soldat sein Feldbett räumte und es meiner Mutter überließ. Er suchte sich einfach eine Schlafgelegenheit neben uns auf dem Boden. Als wir am andern Morgen aufwachten, waren bereits alle Soldaten abgezogen und ich hatte es noch nicht einmal gemerkt, solch einen tiefen Schlaf hatte ich.

Der Bürgermeister überließ uns dann ein leer stehendes, heruntergekommenes Haus, in dem nur noch Unrat gehortet worden war. Unser Knecht Stachow und mein Vater räumten alles fort, überpinselten die Wände mit Kalk und bauten uns mit unseren Wagenbrettern Betten auf. An Schlaf aber war nicht zu denken. Königerode wurde zu einem Aschenhaufen zusammengeschossen und wir hörten stundenlang das Dröhnen und Donnern der Geschütze. Eine Abteilung der Waffen-SS hatte sich in diesem Ort verschanzt und verteidigte das Dorf mit allen Mitteln. Das hatte die Amerikaner dazu herausgefordert, mit aller Macht alles zu zerstören. Schaurig war der Anblick der in Trümmer gelegten Gehöfte. Die Rauchwolken verdüsterten den Himmel und im Ort herrschte der Geruch von verbrannten Leichen. Der Tod hatte reiche Ernte gehalten. In dieser Nacht hatten auch wir schreckliche Angst und atmeten erst auf, als der Morgen kam und der Kanonendonner nicht mehr zu hören war. In Braunschwende aber war nicht ein einziger Schuss gefallen und wir blieben alle am Leben. So dicht liegen Glück und Unglück beieinander, musste ich denken, als ich mir später die Zerstörung des Dorfes ansah.

Zwei Tage später erreichten die amerikanischen Panzer auch unser Dorf und zum ersten Mal sah ich farbige Soldaten. Was mich allerdings unheimlich traurig machte, waren die Kolonnen deutscher Kriegsgefangener, die ihre Hände über dem Kopf hielten und im Marschtempo – bewacht von amerikanischem Militär – durch den Ort geführt wurden. Was sollte aus uns Flüchtlingen werden? Ich warf mich vor Angst aufs Bett und hoffte nur, dass der Krieg bald zu Ende ginge.

Das Bild der gefangenen Soldaten hat sich tief in mein Gedächtnis eingeprägt. Ich habe es nie mehr vergessen können. Wir waren ein besiegtes, heimatlos gewordenes Volk; überall herrschte große Verzweiflung und Ratlosigkeit, war uns Kindern doch in der Schule eingetrichtert worden, dass der Endsieg uns gewiss sei. Ich fühlte mich elend und dachte nur: Wenn ich doch sterben könnte. Der Krieg hatte uns alles geraubt: Haus, Hof und Zukunft. Würden wir auch gefangen genommen und vielleicht sogar erschossen?

Nur wenige Tag später, als mein Schwesterchen geboren war, mussten wir zusehen, wie es vor Hunger starb, denn meine Mutter konnte unsere kleine Erika nicht stillen. In Braunschwende legten wir unseren süßen Schatz in die Erde, bedeckten das kleine Grab mit einigen Tannenzweigen und Wiesenblumen und setzten unseren Fluchtweg fort. Nein, das Glück war nicht mein Wegbegleiter und ich litt sehr unter der Armut, Not und Heimatlosigkeit.

Aber wir fanden dann doch noch das Glück und dies will ich nicht geringschätzen. Bis ins Hessenland fuhren wir weiter, weil Sachsen und Thüringen den Russen zugeteilt wurden. Hier nahm uns ein gläubiger Kleinbauer auf, erwies uns seine Hilfe und zeigte uns seine Liebe. Durch ihn fand ich meinen Weg zu Jesus. Es war Opa Becker, der mich zu einer Veranstaltung von jungen Christen einlud. Als einmal das Lied mit dem Refrain: „Es ist das Kreuz von Golgatha Heimat für Heimatlose!“ gesungen wurde, hat mich dieser Text im Innersten bewegt. Und mir war der Weg gewiesen, wo ich Geborgenheit bei Jesus Christus finden konnte. Darin fand ich mein höchstes Glück. Unter dem Kreuz legte ich meine Traurigkeit, meinen Schmerz und meine Angst ab. Ich gewann Frieden mit Gott und gehöre nun schon seit über 60 Jahren zu den glücklichen Menschen, die ihr Heil in Christus gefunden haben und sich vom Höchsten im Himmel geliebt wissen.

Glück liegt nicht in äußeren Dingen wie

Wohlstand oder einem Lottogewinn. Diese Art von Glück kann uns unter den Händen schnell zerrinnen. Aber es gibt andere Augenblicke des Glücks:

In Oberstdorf stand ich einmal vor einem Wasserfall und hörte das Rauschen des herabströmenden Bergbachs. Ich staunte über diesen einmaligen Anblick. Leider musste ich nach einem kurzen Aufenthalt weitergehen. Aber die Erinnerung an diesen wunderbaren Augenblick hat in mir ein tiefes Glücksgefühl hinterlassen. Wie sehr muss uns doch Gott lieb haben, dass er uns eine solch schöne Welt erschaffen hat.

Oder ich denke an den Frühling. Schon kurz nach fünf Uhr weckt mich ein Trillern, ein Pfeifen, ein Zwitschern, das mich tief erfreut. Vor meinem Schlafzimmerfenster steht ein riesengroßer Mammutbaum in Nachbars Garten. Die Eheleute haben sich während ihrer Hochzeitsreise ein kleines Bäumchen aus Amerika mitgebracht. Riesengroß ist der Baum im Laufe der etwa 40 Jahre geworden und einige große und kleine Vögel haben sich hier ihr Nest gebaut oder fliegen am frühen Morgen bis auf die höchsten Spitzen, wippen auf den Zweigen hin und her, besehen sich die Natur von oben und vermitteln mir ein Gefühl der Fröhlichkeit. Wie gerne beobachte ich ihr flinkes Treiben und gewinne selbst Schwung, schnell aufzustehen und dem neuen Tag entgegenzusehen. Diese Schöpfung Gottes ist mir eine Hilfe dabei, nicht tatenlos im Bett liegen zu bleiben, sondern mit einem dankbaren Herzen mein Tun in Angriff zu nehmen. Ich will mich dadurch vom Geist der Sorge und Niedergeschlagenheit befreien lassen, der mich zuweilen überkommen will. Mein Leben ist so reich allein durch all das, was Gott geschaffen hat.

Heute hat mein Mann die ersten Stiefmütterchen in den Vorgarten gepflanzt. Die braune, noch kalte Erde zeigt sich nun in einem bunten Bild. Die Blümchen lächeln mich mit ihren roten, gelben, blauen, lila und gefleckten Farben an. Schon eine einzige Farbe würde mich glücklich machen, aber Gott im Himmel lässt uns einen Überfluss an Schönem zuteilwerden.

Wir dürfen seine geliebten Kinder sein. Angesichts des Kreuzes ruft er uns zu: Sieh auf meinen Sohn! Er hat für dich sein Leben geopfert, damit deine Schuld getilgt wird und du tief befreit durchatmen kannst. Du musst nicht länger in den Fängen der Finsternis und des Teufels leben. Das Heil ist schon bereitet.

Das Glück in der Nachfolge Christi beruht auf dem starken Vertrauen zu unserem Herrn, der uns zugesagt und versprochen hat: Wenn du weinst, wirst du bald wieder lachen; denn dir steht der Himmel offen.

Diese Erfahrung machte einmal eine Teilnehmerin einer Freizeit in Binz auf der Insel Rügen. Ich war schon mehrmals als Rednerin dazu eingeladen und war mit großer Freude dorthin gefahren. Die Zimmer waren immer ausgebucht, denn es war Juli und die schönste Zeit, sich in der Ostsee zu tummeln und sich an dem lang gezogenen Strand zu erholen. Aber bei meiner Tagung schien alles schiefzulaufen und ich war darüber sehr bekümmert. Am ersten Abend nach der Anreise machte uns die Leiterin des Hauses mit einigen wichtigen Dingen bekannt, die wir als Gäste unbedingt wissen sollten. Sie händigte uns die Schlüssel aus, sagte uns, wo wir unsere Badesachen zum Trocknen aufhängen könnten, wann die Mahlzeiten eingenommen würden und dergleichen mehr. Gegen Ende ihrer etwas langen Rede wies sie noch auf Folgendes hin: „Morgens kurz nach dem Frühstück um 9 Uhr 15 treffen wir uns hier im Andachtsraum zu einer biblischen Besinnung. Dazu habe ich Frau Bormuth aus Marburg eingeladen. Sie wird uns in spannende Texte aus dem Neuen Testament einführen." Nach dieser Ankündigung entstand eine regelrechte Rebellion. Zwei Pfarrer griffen die Diakonisse hart an: „Bibelarbeit haben wir zu Hause jeden Tag. Wir sind hierhergekommen, um uns zu erholen und uns den Badefreuden hinzugeben." Ein Herr aus Brandenburg, der dem Evangelium völlig fern stand, schloss sich diesen beiden an und protestierte: „Ich will hier die Insel erkunden und viel schwimmen gehen. Kirche hätte ich auch zu Hause haben können. Daran liegt mir nichts." Einige junge Familien wollten lieber nach dem Frühstück schnell mit ihren Kindern an den Strand gehen. Die Diakonisse wollte beruhigend auf ihre Gäste einwirken und sagte dabei diesen fatalen Satz: „Aber ich muss Bibelarbeit hier anbieten, denn wir sind ein christliches Haus und das Finanzamt verlangt von mir, dass ich etwas Biblisches nachweisen muss." Jetzt gingen die Wogen erst recht hoch. „Im Urlaub wollen wir nichts mit dem Finanzamt zu tun haben, schwimmen wollen wir.“ Ich saß unter den Urlaubsgästen und mir war elend zumute. Hier in dieser Gruppe würde ich wohl kein Bein auf die Erde kriegen. So verließ ich schnell den Raum, ging auf mein Zimmer und ließ meinen Tränen freien Lauf. Dann ging ich auf die Knie und brachte meine Kümmernisse im Gebet vor Gott. Niemals hätte ich mit solchen Schwierigkeiten gerechnet. Es war das erste Mal, dass mir so viel Widerstand entgegengebracht wurde. Die Erwähnung des Finanzamtes fand ich selbst auch ungeschickt. Aber wie könnte man den Unmut der Gäste gegen eine Andacht überwinden können?

Ich erfuhr kurze Zeit später, wie Gott selbst eingriff. Das Freizeitheim belegt an der Ostsee einen eigenen Strand. Dort standen auch unsere Strandkörbe. Am nächsten Tag trafen wir uns hier. Das Wasser war mit 19 Grad noch recht kühl, aber zusammen mit zwei anderen Teilnehmerinnen wollte ich mir den Badespaß nicht nehmen lassen. So tummelten wir uns in den Fluten. Plötzlich rief eine junge Mutti neben mir laut auf: „Ich habe meinen Ehering verloren. Mein

Ring ist weg!“ In meiner Einfalt wollte ich die entsetzte Schwimmerin beruhigen und sagte: „Wir werden den Ring schon finden. Ich bete dafür.“ Mittlerweile hatte sich der Verlust des Ringes bei den andern Tagungsgästen am Strand herumgesprochen. Die Gruppe stand vollzählig am Wasser und beobachtete uns. Der Ehemann schimpfte recht laut: „Wie oft habe ich Brigitte schon gesagt, nicht mit Uhr und Ring baden zu gehen. Aber alle meine Worte sind in den Wind gesprochen. Nun haben wir das Malheur. Für diesen Ehering habe ich die teure Kette meiner Großmutter hergeben müssen. Bei uns in der DDR gab es doch kein Gold zu kaufen. Und jetzt hat sie ihn verloren.“ Der Herr war sehr erregt.

Wir aber liefen im Wasser herum, hielten die Hand vor die Augen, um nicht von der Sonne geblendet zu werden, und suchten verzweifelt nach dem teuren Stück. Nach etwa einer Viertelstunde verließ uns eine der Frauen und ich blieb mit Brigitte allein zurück. Am liebsten hätte ich mich auch aus dem schon recht kühlen Wasser zurückgezogen, aber ich wollte sie nicht allein lassen. Bei allem eifrigen Suchen fand ich nur eine halb verrostete Coladose, einen alten Schuh, einen zerplatzten Gummiball und eine zerrissene Badekappe, aber keinen Ring. An diesem Tag war die Ostsee allerdings sehr ruhig und klar und es gab keinen Wellengang. Ich hatte schon den Platz, an dem wir uns getummelt hatten, vergeblich abgesucht und überlegte, ob ich nicht weiter nach rechts gehen sollte. Das muss wohl eine Eingebung von Gott selbst gewesen sein, denn während ich tief gebeugt und vorsichtig Schritt für Schritt voranging, sah ich plötzlich etwas im Wasser glänzen. Ich schaute genau hin und rief Brigitte zu: „Ich hab ihn, ich hab ihn!"

„Bleiben Sie ganz ruhig stehen und behalten Sie den Ring im Auge. Rühren Sie sich nicht vom Fleck. Ich komme zu Ihnen." Brigitte kam vorsichtig auf mich zu und ich zeigte auf die Stelle. Sie bückte sich und fischte den Ring aus der Ostsee.

Das war für uns alle ein wunderbares Glückserleben. In der Gruppe staunten die Zuschauenden und sagten sich: „Wie kann so etwas nur geschehen? Da betet eine Frau für einen verlorenen Ring im Meer und findet ihn schließlich. Das kommt einem Wunder gleich."

Am Abend, als ich meinen ersten Vortrag hielt, waren alle Teilnehmer versammelt. Die beiden Pfarrer brachten sogar ihre Posaunen mit und begleiteten unsere Lieder. Auch am nächsten Morgen erschienen sie alle zur Andacht nach dem Frühstück. Gott hatte mein Gebet erhört und wir erlebten eine sehr gesegnete Freizeit. Oft kamen Einzelne aus der Gruppe und setzten sich zu mir in meinen Strandkorb. Sie vertrauten mir ihre Nöte an. Vor allem waren es Erziehungsfragen, bei denen ich ihnen durch eigene Erfahrungen seelsorgerlich helfen konnte. Oft betete ich auch mit unseren Gästen. Sonntags besuchten wir gemeinsam einen Gottesdienst.

Ziemlich bald wurde die Bitte an mich herangetragen, ob wir nicht einen Vortragsabend in der Kirche gestalten könnten. Natürlich nahm ich dieses Anliegen positiv auf. Wir gründeten einen Chor und einige musikalisch talentierte Teilnehmer freuten sich, mit Posaunen, Flöten und Gitarren zu einem wunderbaren Abend beizutragen, an dem wir Gott lobten. Am Strand luden wir durch Flyer die Urlauber für diese Zusammenkunft ein und unsere Kirche war total überfüllt. Den Anfang zu einer frohen Gemeinschaft unter dem Wort der Bibel hatte Gott selbst durch das Ringwunder geschaffen. Für mich wurde diese Freizeit in Binz zu einem glücklichen Erleben.

So ist Versöhnung

Gestern wurde ich durch das Telefon aufgeschreckt. Es war ein für mich völlig ungewohnter Anruf. Über eine Sprachbox hörte ich eine aufgeregte, etwas weinerliche Stimme. „Frau Bormuth, Sie müssen mich unter folgender Nummer anrufen. Und zwar sofort. Sollten Sie dies versäumen, dann kann es wahrscheinlich schon zu spät sein, und Schreckliches könnte geschehen."

Natürlich war ich darüber entsetzt. Nach einem Scherzanruf klang diese Stimme nicht. So wählte ich die angegebene Nummer. Eine Frauenstimme meldete sich und sagte: „Das größte Übel ist schon vorüber, aber ich hatte einen heftigen Streit mit meinem Mann. Zum Glück ist Erich nicht handgreiflich geworden, was bei seinem aufbrausenden Temperament schon öfter vorgekommen ist. Nach harten Worten, die er gegen mich richtete – ich will sie hier nicht nennen, so brutal sind sie –, hat er das Haus verlassen. Zuvor aber drohte er mir so heftig, dass mich die Angst überfiel, er könnte sich das Leben nehmen. In einem Ihrer vielen Bücher fand ich Ihre Telefonnummer; deshalb erreichte Sie mein Anruf. Ich bin am Ende, total am Ende. Zunächst waren es kleine, belanglose Vorwürfe, die wir uns um die Ohren schlugen. Dann aber schaukelte sich unsere Auseinandersetzung hoch bis hin zu dem Satz: ‚Du wirst noch dein blaues Wunder erleben.' Was immer das heißen sollte, davon konnte ich mir kein Bild machen. ‚Nie mehr wirst du mich wiedersehen. Unter deiner Fuchtel kann ich nicht mehr leben.' Ich war sehr verzweifelt. Aus diesem Grund wählte ich Ihre Nummer. Aber gerade vor zwei Minuten ist mein Mann doch wieder zur Tür hereingekommen. Ich glaube, er hat eingesehen, dass er mit seinen Drohungen zu weit gegangen ist. Im Augenblick ist keine Gefahr im Verzug."

Ich fragte nach dem Namen und dem Wohnort dieser Frau. Aber darüber gab sie mir keine Auskunft. Das mag ihr Geheimnis bleiben. Deshalb erklärte ich ihr: „Sie müssen mir Ihre Adresse auch nicht sagen. Sie müssen mir gar nichts verraten. Mir genügt es, dass Gott Sie kennt und ein Auge auf Sie hat. Sie müssen sich wieder mit Ihrem Mann versöhnen. Aber bevor ich den Hörer auflege, will ich noch mit Ihnen beten. Erlauben Sie mir dies?"

Es folgte ein leises Ja. So betete ich: „Vater im Himmel, du bist der Gott des Friedens und du willst auch in uns Frieden schaffen. Wehre aller Beschimpfung, allem Streit und aller Bosheit. Wirke durch deinen Heiligen Geist Versöhnung und Eintracht in diesem Haus und lass es gelingen, dass die beiden Menschen wieder um Verzeihung bitten und zueinanderfinden. Schenk beiden Eheleuten den Blick auf das Kreuz, wo du aus Liebe deinen Sohn geopfert hast. Lieber Herr, gib Heilung, Frieden und Aussöhnung in dieser Familie. Amen."

Dann wurde der Hörer aufgelegt. Wie wird es wohl in dieser Ehe weitergehen?

Ein besonderer Brief

Heute flatterte ein besonderer Brief auf meinen Schreibtisch. Er kam aus Hamburg und hat mich ungemein froh und glücklich gemacht. Den ganzen Tag hätte ich darüber jubeln und singen können. In voller Länge will ich ihn abdrucken:

Liebe Frau Bormuth,
mein Name ist Michael, ich bin 31 Jahre alt und habe vor sechs Monaten das Geschenk des Glaubens erhalten. Der sehnlichste Wunsch meines Lebens ist mit diesem Psalmwort ausgesagt: „Eines bitte ich vom Herrn, das hätte ich gern; dass ich im Hause des Herrn bleiben könnte mein Leben lang, zu schauen die schönen Gottesdienste des Herrn und seinen Tempel zu betrachten."

Aufgewachsen bin ich in Mecklenburg-Vorpommern in einer nichtchristlichen Familie. Nach der Schule habe ich eine Lehre bei einem internationalen Konzern begonnen. Als ich die Lehre

2002 beendet hatte, ging ich nach Köln, um dort für diesen Konzern zu arbeiten. Seit 2007 arbeite ich für die gleiche Firma in Hamburg. Ich wohne in Rothenbaum, dem schönsten Stadtteil Hamburgs.

Über die Hälfte meines Lebens habe ich illegale und legale Drogen konsumiert. 13 Jahre durchgehend war ich in dieser Misere verhaftet. Ich habe in einer Parallelwelt gelebt, in der es nur Schlechtes und Böses gibt. Als Ende 2011 alles bei mir aus dem Ruder lief, habe ich Hilfe aus meiner Sucht gesucht. Bei einer Entgiftung im Februar 2012 bin ich zum ersten Mal in einen Gottesdienst gegangen. Davor und danach habe ich nicht an Gott geglaubt. Aber der Kirchenbesuch gab mir Kraft. Nach der Entgiftung bin ich jeden Sonntag unter das Wort Gottes gegangen, auch wenn ich nicht an den Schöpfer glaubte. Im Mai 2012 habe ich meine Entwöhnungstherapie in Elbingerode im Harz begonnen. Eigentlich wollte ich sie in Mecklenburg-Vorpommern machen. Aber durch die Zuweisung des Kostenträgers nach Elbingerode blieb mir nichts anderes übrig, als dorthin zu fahren. Als ich in Elbingerode eintraf, stellte ich fest, dass es sich um eine christliche Einrichtung handelt. Auf der einen Straßenseite lag die Klinik, auf der anderen das Haus der Nonnen. War es Zufall, dass ich ausgerechnet dort landete? Wie zuvor besuchte ich jeden Sonntag den Gottesdienst und gelegentlich die Bibelstunde. Da ist mir zum ersten Mal aufgefallen, dass die Bibel spannender ist als jeder Hollywoodfilm. Ich kaufte mir eine Bibel und war von ihr fasziniert, aber an Gott glaubte ich nicht.

Es war am Sonntag, den 16. 7. 2012. Im Rahmen einer einwöchigen Vortragsreihe von Frau Bormuth lautete an diesem Tag das Thema „Eine neue Zeit bricht an“. Bis heute kann ich nicht beschreiben und erklären, was an diesem Abend in mir vorgegangen ist. Ich habe das Geschenk des Glaubens erhalten. Von wem auch immer, ich weiß es nicht. Aber es heißt in Lukas 11,9: „Bittet, so wird euch gegeben; suchet, so werdet ihr finden; klopfet an, so wird euch aufgetan.“ Ich habe gesucht und die Tür wurde mir geöffnet.

Es ist das größte und bedeutendste Geschenk in meinem Leben. Seitdem habe ich einen Sinn in meinem Dasein gefunden und habe nun ein Ziel vor Augen. In der Gemeinde in Elbingerode habe ich viele Menschen kennen- und schätzen gelernt. Sie haben mich in eine Welt voller Zuversicht und Hoffnung geführt. In den christlichen Gemeinden findet ein Miteinander statt, das man sonst vergeblich sucht. Bedanken möchte ich mich bei meinem Therapeuten aus Elbingerode, der den Baptisten angehört. Er hat mich großartig in Glaubensfragen unterstützt und mir die Gemeinde in der Grindelallee empfohlen.

Seit November 2012 bin ich wieder in Hamburg und in dieser Gemeinde zu Gast. Ich hätte nie erwartet, dass die Mitglieder so offen und freundlich zu mir sind. Gleich am ersten Tag wurde ich sehr herzlich empfangen. Meine Arbeit für den Konzern habe ich wieder aufgenommen, ansonsten hat sich mein Leben von Grund auf verändert. Hätte mir jemand vor einem Jahr erzählt, wie mein Dasein heute aussehen würde, ich hätte ihn für verrückt gehalten.

Für mich ist dies der schönste Beweis dafür, was Gott in einem Menschen vollbringen kann. Rückblickend verfluche ich die Jahre in der Sucht nicht. Für mich war es Gottes Plan, dass er mich aus der Drogensucht zu sich führen wollte. Wie heißt es doch in 2. Korinther 12,9: „Meine Kraft ist in den Schwachen mächtig." Ich bin schwach, aber Gottes Kraft ist mächtig. Das kann ich aus eigener Erfahrung bestätigen.

Denken wir an alle, die gegen die Sucht kämpfen und gekämpft haben, und danken wir den Menschen, die diesen Kampf unterstützen.

Mit herzlichen Grüßen
Ihr Michael

P. S. Heute bin ich unterwegs, um alte Menschen zu besuchen. Auch helfe ich der Frau Pastorin zweimal im Monat im Gottesdienst. Mittwochs gehe ich immer zur Bibelstunde für junge Erwachsene. Das ist echt klasse! Einmal war ich schon in Elbingerode als Urlauber und Ostern werde ich auch dort in der Gemeinde verbringen. Wäre ich damals, liebe Frau Bormuth, nicht zu Ihren Vorträgen gekommen, dann wäre ich sicher niemals dort, wo ich heute bin.

Vom Essen und Beten

Heute las ich die Geschichte über Annette Kolb mit dem Titel „Klosterleben". Sie war als Internatsschülerin in einem Kloster untergebracht, litt aber unter der harten Erziehung, den strengen Ordnungen und den wenig freudvollen Erlebnissen. Ihre Mutter merkte leider viel zu spät, dass ihrem Töchterchen der Aufenthalt durch die stark asketische Begrenzung nicht guttat. Als es ihr schließlich auffiel, holte sie das Kind für zwei Tage aus dem Kloster ab und fuhr nach Innsbruck. Dort lebte Annette auf. Die Stadt begeisterte sie. Sie konnte sich nicht satt sehen an den majestätischen Gipfeln mit ihren Schneebergen. Auch die wunderschönen Malereien an den reich verzierten Hauswänden mit ihren bunten Fensterläden hatten es ihr angetan. Vor allem aber freute sich die Schülerin an der Freiheit. Zwei Tage, ohne den strengen Augen ihrer Oberin ausgeliefert zu sein, ließen sie aufblühen. Die Schönheit besonders in der Bergwelt versetzte das junge Mädchen in einen Freudenrausch und mitten im Gewühl der Menschen musste sie laut loslachen. „Nun ist es aber genug!“, mahnte die Mutter. Was das Kind hier erlebte, riss es heraus aus seinen sonst so trüben Gedanken, sodass es sich den Hut vom Kopf zog und die hässliche Perlenkette der Internatskleidung vom Hals nahm. „Mutter, sechs Jahre waren grausam genug für mich.“ Damit schmiegte sich Annette in die Arme der Mutter. Da versprach ihr die Mutter, dass sie in den Sommerferien für immer nach Hause kommen könnte. Annette wusste, dass Mutter ihr Wort halten würde. Eine große Freude stieg in ihr auf.

In Innsbruck lebte zu der Zeit Mutter Angelina, die Stifterin des Ordens „Zur ewigen Anbetung“. Sie hatte schon mehrere Klöster in Italien, Österreich und Frankreich gegründet. Ihr riesengroßes Vermögen hatte sie Gott zum Opfer gebracht. So war sie auch weit in der Welt herumgekommen. Schließlich zog sie sich als alt gewordene Ordensschwester in ein sehr schönes Haus zurück. Als Annette Kolb ihr zum ersten Mal begegnete, war die Schülerin überrascht, dass sie mit einer kleinen prunkvollen Medaille und einer Schachtel herrlicher Süßigkeiten bedacht wurde. Als sie diese Köstlichkeiten entdeckte, stieß sie einen lauten Freudenschrei aus. Die Stifterin aber sagte lachend: „Wer viel liebt, muss auch sehr gut essen!" Dieser Ausspruch war für Annette neu; denn in dem Internat, in dem sie bis dahin gelebt hatte, war meist sehr knappe Kost angesagt.

Über diesen Ausspruch musste auch ich schmunzeln. Herzliche Liebe und gutes, bekömmliches Essen tragen zum Wohlbefinden eines Menschen bei. Ich habe versucht, mich als Mutter in einer kinderreichen Familie daran zu halten. In riesengroßen Töpfen habe ich gekocht. Mit einer alten Tante und einem Nachbarsjungen, der immer nach der Schule zu uns zum Essen kam, weil seine Mutter berufstätig war, saßen um unseren Esstisch meist immer acht Personen. Der Küchenzettel war mir durch die reichlichen Ernten aus dem Garten vorgegeben. So brachte ich abwechselnd frische Bohnen, Gurken, Tomaten, Möhren, Salat, Porree oder rote Rüben aus eigener Ernte auf den Tisch. Ich sorgte auch immer für einen guten Nachtisch aus eigenen Äpfeln, Birnen, Erdbeeren, Stachelbeeren, Himbeeren oder

Pflaumen. So freute ich mich an dem Satz der Stifterin. Geliebt wurde ich von meinem Mann und meinen Kindern. Feierten wir Weihnachten oder Geburtstag, dann kochte ich immer die Lieblingsspeisen meiner Familie. Dazu gehörten Frikadellen, mehrere Salate und vor allen Dingen eine bessarabische Nudelsuppe mit selbstgemachten Nudeln. Manchmal habe ich über 50 Fleischklößchen in zwei Pfannen gebraten. Einmal sagte unser sechsjähriger Enkel: „Oma, drei Frikadellen habe ich gegessen. Jetzt bin ich aber satt. Sie haben toll geschmeckt." Vor allen Dingen war es meinem Mann und mir wichtig, dass wir unsere Mahlzeiten mit einem Tischgebet begannen. Der Dank Gott gegenüber war bei uns gang und gäbe. Mich macht es heute oft traurig, wenn Essenszenen im Fernsehen gezeigt werden und sich die Menschen gleich auf die reichen Mahlzeiten stürzen, ohne ein Dankgebet zu sprechen. Auch in Hotels und Gaststätten finden sich nur wenige Menschen, die zu einem Tischgebet die Hände falten.

Auch während meines Studiums begann ich meine Mahlzeiten in der Mensa immer mit einem Tischgebet. Manchmal sprachen mich andere Studenten darauf an, weil sie das Beten von zu Hause gewohnt waren, sich aber in der Öffentlichkeit nicht trauten. So kam ich in Kontakt mit anderen Christen und konnte sie zum Tischgebet ermutigen. Ich sehe keinen Grund, warum man in einem Lokal nicht beten sollte. Der Dank Gott gegenüber ist doch das Schönste. Wir dürfen uns in unserem reichen Land jeden Tag satt essen. Das ist mir, die ich als Flüchtlingskind schrecklichen Hunger erlebt habe, keine Selbstverständlichkeit. Wem das freie Gebet nicht so vertraut ist, kann auch mit Psalmen Gott loben oder in einer Buchhandlung kleine Bücher mit Tischgebeten finden. Wir haben es unendlich gut, dass wir von unserem himmlischen Vater jeden Tag treu versorgt werden.

Gerhard Tersteegen, ein tiefgründiger Liederdichter

Der Gründonnerstag 1724 wurde für einen jungen Mann in Mühlheim zu einem besonderen Erleben. Er saß in seinem Stübchen und war in tiefe Gedanken versunken. Vor ihm lag ein Blatt Papier auf dem Tisch. Er nahm einen Federhalter zur Hand, tauchte ihn aber nicht in ein Tintenfass, sondern in sein eigenes Blut, von dem er einige Tröpfchen aufgefangen hatte. Dann schrieb er folgendes feierliche Bekenntnis nieder:

„Meinem Jesus!
Ich verschreibe mich dir, meinem Heiland und Bräutigam, Christo Jesu, zu deinem völligen und ewigen Eigentum. Von diesem Abend an sei dir mein Herz und ganze Liebe auf ewig zum schuldigen Dank ergeben und geopfert. Dein Geist weiche nicht von

mir und dein Todeskampf unterstütze mich. Ja, Amen! Dein Geist versiegle es, was in Einfalt geschrieben ist.
Dein unwürdiges Eigentum
Gerhard Tersteegen.“

Fünf Jahre zuvor hatten heftige Kämpfe in seinem Innern getobt. Wer war Gerhard Tersteegen? Geboren wurde er auf der linken Seite des Rheins in Moers. Mit großem Kummer musste er erleben, dass sein lieber Vater, ein frommer, gottesfürchtiger und gebildeter Mensch, von Beruf Kaufmann, früh verstarb. Gerhard Tersteegen hatte eine Sprachschule besucht und war sehr gebildet. Aber nicht nur sein Vater, sondern auch seine Mutter wurde ihm früh durch den Tod entrissen. Die Mutter hatte ihren Sohn vor ihrem Sterben zu ihrem Schwiegersohn, der ebenfalls Kaufmann war, nach Mühlheim in die Lehre gebracht. Es war für ihn, diesen klugen und feinsinnigen jungen Mann, ein schwerer, harter Beruf.

In Mühlheim lebten gläubige Christen, die Wochenversammlungen veranstalteten. Auch Tersteegen ließ sich zu dieser erwecklichen Verkündigung einladen. Diese Christen wollten Gott in einer mystischen Schau erkennen und ihn anbeten. Ihr ganzes Denken wollten sie in Gott versenken und ihn anbeten. Sie waren vom Feuer der ewigen Liebe berührt worden und nun brannte in ihnen auch der Wunsch, Gott zu gefallen und ihn immer besser kennenzulernen. Die übliche kirchliche Verkündigung war ihnen zu oberflächlich und so besuchten sie nur selten die Gottesdienste. Sie bekämpften die Kirche nicht, aber sie hielten sich von ihr fern. Auch am Abendmahl wollten sie nicht in der Gemeinde teilnehmen, um es nicht mit Unwürdigen zu feiern. Ihre Frömmigkeit trug mönchische Züge. Sie liebten die Stille und versenkten sich in Gottes Frieden. Aus diesem Grund zog sich auch Tersteegen aus seinem Geschäft zurück, das er sich erst kurz zuvor aufgebaut hatte. Seinen Unterhalt verdiente er sich durch Seidenbandweberei. Er lebte in recht bescheidenen Verhältnissen. Ganz für Gott in der Stille zu leben war sein Bedürfnis. Aber er musste erkennen, dass dieses andächtige Versenken vor seinem göttlichen Herrn ihn nicht vor äußeren und inneren Kämpfen bewahrte. Gerade in dieser Zeit musste er heftigste Anfechtungen durchstehen, bis er endlich den Sieg errang. Mit seiner Verschreibung durch sein eigenes Blut überwand er die Anfechtung.

Für ihn begann nun ein neues Leben. Er gab die völlige Einsamkeit auf und nahm Heinrich Sommer, der ihm im Glauben sehr nahe stand, als Gehilfen in sein Haus. Zehn Stunden täglich arbeiteten sie fleißig und hart an ihren Webstühlen. Morgens und abends suchten sie die Gemeinschaft mit Gott und widmeten sich der Erbauung und Schriftstellerei. Wurde es dunkel, dann ging er durch die Straßen, um von keinem gesehen zu werden, wenn er anderen von seinem kärglichen Einkommen etwas abgab. Aber dann wurde ihm vor seinem himmlischen Vater bewusst, dass er seine Arbeit am Webstuhl ganz einstellen sollte, um sich völlig dem Dienst Christi zu weihen; denn viele Menschen wandten sich an ihn, um Rat und Hilfe zu erfahren. Es war ihm auch gegeben, Arzneien für Kranke zuzubereiten, ohne dass er dafür Geld erbat. In schwierigen Fällen zog er auch Ärzte hinzu. Damit er diese Aufgabe erfüllen konnte und selbst keine Not litt, wurden ihm immer wieder die Hände mit großen Opfern von anderen Christen gefüllt. Nur hohe Geldsummen, die ihm aus Holland zuflossen, lehnte er ab.

Tersteegen verdanken wir auch die Übersetzung des Werkes von Thomas a Kempis „Von der Nachfolge Christi“. Auch Biografien von gläubigen und treuen Menschen, die die Liebe ihres Herrn in diese Welt trugen, brachte er heraus. Vor allen Dingen gab er seine eigenen Dichtungen in verschieden hohen Auflagen heraus. Noch heute finden wir in unseren Gesangbüchern mehr als ein Dutzend Lieder, die aus seiner Feder stammen, darunter „Ich bete an die Macht der Liebe“, „Gott ist gegenwärtig“ und „Kommt Kinder, lasst uns gehen“.

Sie geben Zeugnis von seiner innigen Frömmigkeit. Gott soll gelobt und gefeiert werden und in ihm dürfen wir ruhen. Eine Strophe, die von dieser Hingabe an Gottes Liebe spricht, will ich hier anführen:

Wie die zarten Blumen willig sich entfalten
und der Sonne stillehalten,
lass mich so still und froh
deine Strahlen fassen und dich wirken lassen.

Tersteegen war ein bedeutender und talentierter Dichter. Seine Liedertexte wurden ihm von Gott selbst eingegeben und so liegt auf ihnen auch heute noch ein himmlischer Glanz.

Um die Osterzeit 1769 wurde sein Leichnam neben der Kirche, in der seine Lieder gesungen wurden, unter großer Anteilnahme der Bevölkerung beigesetzt, obwohl er diese Kirche nicht oft besucht hat. Aber seine Lieder trugen zu einer inneren Erneuerung des Volkes bei.

Der Ruf des Hirten

Mit einer Leserin meiner Bücher führte ich ein langes Telefongespräch. Sie bestellt immer wieder Bücher von mir, die sie an ihre Verwandten, Bekannten und Freunde verschenkt. Um ihre Liebe und Wertschätzung zu zeigen, wickelt sie jedes Buch in buntes, schönes Papier und legt dann noch eine Tafel Schokolade darauf. „So möchte ich auf diese Weise viele Menschen ins Boot Jesu holen", erklärte sie mir. „Ihre Geschichten, liebe Frau Bormuth, sind dem Leben entnommen und in einem leicht verständlichen, guten Stil geschrieben. Sie nehmen die Menschen hinein in Gottes großes Erbarmen und sie erfahren darin durch die Botschaft von Jesus Trost und Hilfe und hören den Ruf des Erlösers in seine Nachfolge. Sie verstehen es, die Person Jesu Christi den Lesern deutlich vor Augen zu malen, dass die Sehnsucht in ihnen geweckt wird, sich dem Herrn Christus hinzugeben. Ihre wahren Beiträge enthalten echtes Evangelium."

Natürlich erfreute mich dieses Gespräch

mit dieser älteren Dame. Ich empfand in ihren Äußerungen eine tiefe Wertschätzung. Wer hört solche Worte nicht gern? Ich mache in meinem Leben genug Erfahrungen negativer Art, die mich niederdrücken, ja sogar beleidigen wollen.

„Gleich nach Ostern“, so bat sie mich, „brauche ich einen ganzen Stoß neuer Bücher von Ihnen. Ich will auch in meiner Umgebung, in der ich wohne, missionarisch aktiv werden. Das hat mir Gott aufs Herz gelegt.“

Im Verlauf unserer Unterhaltung erzählte sie mir eine bemerkenswerte Geschichte. Ganz in ihrer Nähe besaß ein Schäfer 500 Schafe. Eines Morgens kam er an das Gatter, in dem seine Tiere die Nacht zubringen, und fand es leer. Kein einziges Schäfchen war zu entdecken. Seine Herde war ihm völlig geraubt worden. Wie viele Jahre hatte er schon für seine Tiere gesorgt, aber so etwas war ihm noch nie passiert. Die Schafe waren auch nicht aus dem Gatter ausgebrochen, denn die Bretter waren alle noch in Ordnung. Nur das Schloss am Tor war zerstört worden und die Reifenspuren eines Transporters verrieten den Weg bis zur nächsten Autobahn.

Der Schafhirte informierte die Polizei und stellte Strafanzeige wegen schweren Raubes.

Schon einen Tag später wurde er angerufen, er möge sofort aufs Polizeirevier kommen. Der diensthabende Beamte informierte ihn, dass in Köln ein Güterzug von der Zollaufsichtsbehörde auf ein Abstellgleis geleitet und festgehalten wurde. Er schien verdächtig, denn darin befänden sich viele Schafe. Er müsse sofort mit der Polizei dorthin fahren und feststellen, ob es sich dabei um seine geraubten Tiere handele. Also setzte sich der Hirte in den Polizeiwagen und los ging die Fahrt zu dem besagten Bahnhof. Dort wurden nacheinander die Türen der einzelnen Waggons geöffnet und der Hirte ließ seinen gewohnten Pfiff laut erschallen, der seinen Tieren gut bekannt war. Ein Schaf nach dem anderen verließ seinen Waggon und folgte dem Ruf des Hirten. Es kommt einem Wunder gleich, dass alle fünfhundert Schafe in dem Güterzug waren, der ins Ausland abtransportiert werden sollte. Die Tiere scharten sich um ihren treuen Hirten und ihnen war die Freude anzumerken, dass sie endlich ihrem Verließ den Rücken kehren konnten. Glücklich waren sie, als sie wieder auf ihre wohlvertrauten Weideplätze gebracht wurden. Der Ruf des Hirten hatte sie vor dem Schlächter im fremden Land gerettet. Sie waren alle wieder in sicherer Obhut.

Ist das nicht eine Geschichte, die wir auch auf unser Leben übertragen können? In Jesaja 40,11 findet sich ein sehr Mut machendes Wort. Dort heißt es: „Er wird seine Herde weiden wie ein Hirte. Er wird die Lämmer in seinen Arm sammeln und im Bausch seines Gewandes tragen und die Mutterschafe führen." Jesus Christus wurde auf unsere geschundene Erde gesandt, damit er, um im Bilde zu sprechen, die Schafe, die der Teufel aus der Gemeinschaft mit Gott geraubt hat, wieder in die Freiheit mit Christus führen sollte. Kein Schäfchen soll dem gierigen Wolf weiter ausgesetzt sein. Der Ruf unseres Erlösers ist an uns ergangen: „Folget mir nach!" Seine Stimme tönt laut in unsere Herzen hinein und ruft uns zurück in die Arme unseres Retters. Er sammelt uns mit seinem heiligen Ruf. Seine Hand ruht auf unseren Schultern und führt uns aus dem Tod zum Leben. In seinen Armen finden wir tiefe Geborgenheit, in seiner Liebe werden wir heil, seine Hand verbindet unsere Wunden und gibt uns wieder ein sicheres Zuhause. Wir müssen nicht länger ein Raub des Bösen bleiben. Das ist Evangelium und unsere Rettung.

Vergebung – die große Chance

Heute habe ich im Fernsehen eine Sendung gesehen, die mich innerlich recht aufgewühlt hat. Kinder und Eltern hatten sich zu einer Talkshow eingefunden, in der es um die Frage des Strafens ging. Plötzlich stand mir eine Situation vor Augen, die ich mit neun Jahren erlebt habe.

Es war ein kalter, frostiger Tag und mein Vater ordnete an, dass unser Knecht Stachow uns mit der Glaskutsche in die Schule fahren sollte. Es war ein Weg von etwa zweieinhalb Kilometern, den wir sonst immer zu Fuß zurücklegen mussten. Zwei Schülerinnen aus der Nachbarschaft stiegen mit ein, dazu noch meine beiden Schwestern. Kurz bevor wir an unserem Ziel angelangt waren, passierte ein Malheur. Eine Scheibe ging zu Bruch. Ich hatte noch nicht einmal bemerkt, wie dies geschehen konnte, aber das Splittern des Glases hatte ich gehört. Als ich nach der Schule am Mittag nach Hause kam, war

Vater sehr erbost. Eines der Nachbarskinder hatte mir die Schuld in die Schuhe geschoben und ohne mich zu fragen bestrafte mein Vater mich heftig. Noch zwei Tage danach spürte ich die Schmerzen in meiner Hand. Ich verstand meinen Vater nicht. Warum hatte er mir das angetan? Dabei hatte ich die Scheibe doch gar nicht zerbrochen.

Heute wäre ein solcher Schaden schnell zu reparieren gewesen, aber in den Kriegsjahren war es schwierig, eine passende Glasscheibe für unsere Prunkkutsche zu finden. Ich kann mich nicht erinnern, dass eine meiner beiden Schwestern je so arg bestraft worden war. Ich war doch völlig schuldlos und mein Vater hatte mich noch nicht einmal angehört.

Diese üble Geschichte hatte ich längst vergessen, aber durch die Talkrunde wurde sie mir wieder bewusst. Selbst jetzt noch, nach so vielen Jahren, stieg Ärger, ja Zorn in mir auf. Warum wurde ich bestraft und alle andern in der Kutsche kamen ungeschoren davon? Eine bittere Wurzel machte mir zu schaffen und ich kam von dem Gedanken nicht los, dass ich verpetzt worden war und mein Vater Unrecht gehabt hatte.

Dabei hatte ich immer ein sehr inniges Verhältnis zu ihm. Ich verdanke ihm vor allem die Liebe zur Literatur. Er war sehr gebildet und vor allen Dingen hatten es ihm die russischen Dichter angetan, die er im Original gelesen hatte. Mit meinem Vater fühlte ich mich tief verbunden und als er von einer schweren Krebserkrankung heimgesucht wurde, war mir zumute, als ginge die Welt unter. In dieser Zeit habe ich so manche Träne in meine Kissen tropfen lassen. Wie viele Gebete habe ich vor Gott gebracht und gehofft, er würde ihn heilen. Als aber abzusehen war, dass der Darmkrebs zum Tode führen würde, meinte ich, meinen Vater aufs Sterben vorbereiten zu müssen. Nach einem Spaziergang setzten wir uns auf eine Bank und ich versuchte, Vater von der großen Tat Jesu am Kreuz zu erzählen und wie wichtig es für uns sei, uns im Leben mit ihm auszusöhnen und bereit zu werden für den letzten Schritt, den wir alle einmal gehen müssen.

„Lotte, hör bitte auf, vom Sterben zu reden! Krebs ist eine Krankheit, die wir besiegen müssen."

Seine Worte taten mir weh, denn es heißt doch in der Heiligen Schrift, dass nur die ins

Himmelreich kommen, die Jesus Christus in ihr Leben aufgenommen haben. Neben den Schmerz des Verlusts trat nun noch die Angst: Wie wird mein Vater vor Gott bestehen? Mir war klar, ich müsste jetzt schweigen, aber umso mehr betete ich für ihn.

Als sein Lebensfunke zu erlöschen drohte, wurden wir telefonisch benachrichtigt. Wir fuhren sofort zu ihm und ich verbrachte die letzten Stunden an seinem Bett. Ich wusch ihm den Schweiß von der Stirn und bezog mehrmals in dieser Nacht sein Bett, weil der Eiter des Krebsgeschwürs durch jede Öffnung des Körpers drang. Dann weckte ich auch meinen Mann, meinen Schwager und meine Mutter. Wir lasen ihm den 23. Psalm und diese Worte erreichten sein Innerstes. Welch eine gewaltige Bedeutung hat doch der Vers: „Und ob ich schon wanderte im finsteren Tal, fürchte ich kein Unglück; denn du, Gott, bist bei mir; dein Stecken und Stab trösten mich."

Als ich mit ihm beten wollte, faltete er seine Hände, und zum ersten Mal erlebte ich, dass er den Namen seines himmlischen Vaters anrief und sich ihm mit seiner ganzen Familie anbefahl. Das war für mich einer der ergreifendsten Augenblicke, dieses Gebet meines Vaters zu hören. Ich wusste: Er geht jetzt heim in Gottes neue Welt, in der es keine Not, keine Schmerzen und keine Tränen mehr geben wird. Eine stille, tiefe Freude erfüllte mein Herz. Mir wurde jetzt bewusst, dass Gott sein Wort wahr gemacht hat: „Wer den Namen des Herrn anrufen wird, der soll errettet werden." Welch wunderbares Erleben!

Darf ich dann eigentlich noch diese Bitterkeit aus Kindheitstagen in meinem Herzen nähren, dass Vater mich einmal so heftig und arg geschlagen hat? Nein, das will ich nicht! Ich will mir den Glanz des Glaubens durch diese hässliche Erinnerung nicht nehmen lassen, sondern mich freuen; denn ich lebe selbst von der Vergebung und will auch andern vergeben. Die böse Wurzel der Verbitterung darf nicht länger in mir wuchern, sondern wird durch die große Tat Jesu am Kreuz ausgerottet. Fröhlich will ich singen:

Welch Glück ist's, erlöst zu sein, Herr, durch dein Blut!
Ich tauche mich tief hinein in diese Flut.
Von Sünd und Unreinigkeit bin ich hier frei

und jauchze voll selger Freud: Jesus ist treu!
O preist seiner Liebe Macht,
preist seiner Liebe Macht,
preist seiner Liebe Macht,
die uns erlöst!

Charles G. Finney – seine Hinwendung zu Jesus

Es war für die Familie Finney gar nicht so einfach, den Lebensunterhalt zu sichern. Mit ihren vielen Kindern wohnten sie in Connecticut. Dort wurde auch der spätere Erweckungsprediger am 29.8.1792 geboren. Als das Kind zwei Jahre alt war, zog die Familie aber in den Staat New York um. Dort gab es noch unbewirtschaftete Landstriche, und da der Vater Bauer war, hoffte er, sich eine bessere Existenzgrundlage zu schaffen.

Das Schulwesen war zwar damals noch nicht gut entwickelt und doch mühten sich die ersten Kolonisten sehr, es aufzubauen. Sie stellten tüchtige Lehrer an. Da Finney außergewöhnlich begabt war, verschaffte er sich durch intensives Lesen eine gute Allgemeinbildung. So konnte er schon mit sechzehn Jahren als Dorfschullehrer angestellt werden.

Mit dem Glauben an Gott war er noch

nicht in Berührung gekommen. Er lebte wie ein Heide. Aber er erarbeitete sich doch Kenntnisse auf religiösem Gebiet, indem er den Kontakt mit Christen suchte. Nach seiner Tätigkeit als Lehrer schlug er eine juristische Laufbahn ein und verdiente sich seinen Lebensunterhalt in einer Rechtsanwaltskanzlei. Beim Umgang mit juristischen Fragen lernte er auch die alttestamentlichen Gesetze kennen. So kaufte er sich eine Bibel und studierte eifrig die Heilige Schrift. In seinem Inneren verspürte er eine grenzenlose Leere. Das hing auch damit zusammen, dass das kirchliche Leben total erstarrt war. Das Studium der Bibel aber weckte in ihm die Sehnsucht nach einer inneren Erneuerung. Es war ein Wort des Propheten Jeremia, das ihn in seinem Herzen berührte: „Ihr werdet mich anrufen und hingehen und mich bitten und ich will euch erhören." Diese Botschaft beschäftigte ihn auf einem langen Spaziergang durch den Wald. Er suchte in der Stille, wie er mit seinem Schöpfer ausgesöhnt leben könnte. Aber er war sehr besorgt, dass die anderen Mitarbeiter seinen desolaten Glaubenszustand entdecken könnten. Wenn er z. B. betete, verstopfte er sein Schlüsselloch und sprach nur im Flüsterton mit Gott. Keiner sollte seines inneren Ringens gewahr werden. Früher hatte er sich nicht geschämt, seine Bibel offen auf seinem Schreibtisch liegen zu lassen. Jetzt aber, da er ernsthaft nach Gott fragte, war es ihm peinlich, wenn irgendein Besucher oder ein Klient das Bibelbuch sah. So legte er schnell Akten oder Zeitungen darauf. Er scheute sich auch, mit anderen Menschen geistliche Gespräche zu führen. Pastoren oder Gemeindeältesten ging er aus dem Weg. Er fürchtete auch, sie könnten ihn mit falschen Lehren in die Irre führen. Ganz allein auf sich gestellt wollte er sich Rat aus der Bibel holen. Er fühlte sich, als wäre er ein Verlierer und Gescheiterter. Seine Gottlosigkeit quälte ihn, wenn er nachts nicht schlafen konnte. „Wie soll ich vor Gottes Richterstuhl stehen, wenn er mich eines Tages aus dieser Welt abberuft?" Diese Frage wurde ihm zu einem großen Problem.

Einmal vernahm er auf dem Weg zum Büro eine Stimme: „Worauf wartest du? Hast du Gott nicht versprochen, ihm dein Herz zu geben? Warum mühst du dich so vergeblich ab?" Im gleichen Augenblick enthüllte sich ihm in wunderbarer Weise das Geheimnis der Erlösung. Die Versöhnung mit Gott bestand darin, dass er die Tat Jesu am Kreuz, sein Sterben für die Sünde der ganzen Welt, an sich geschehen lassen sollte. Gott wollte, dass er diese Heilstat demütig und dankbar annahm.

Kein Mensch kann sich selbst das Heil erwerben. Es ist und bleibt immer ein Geschenk. In Jesus liegt die Gerechtigkeit, die vor Gott gilt. So sagte Finney zu dieser wunderbaren Erkenntnis „Ja" und war bereit, fortan in die Nachfolge Jesu zu treten. Er selbst schreibt darüber:

„Ich erfasste diese Verheißung sofort mit meinem innersten Wesen als mir geltend und erfuhr zum ersten Mal in meinem Leben, was Glauben heißt. Hatte ich längst nicht mehr an der Echtheit der Bibel gezweifelt, so war mein Glaube doch ein bloßes Fürwahrhalten gewesen, nicht aber ein rückhaltloses Vertrauen. Jetzt war mir die Treue Gottes unumstößlich gewiss; eher hätte ich daran zweifeln können, dass ich lebte, als an der Wahrhaftigkeit Gottes. So rief ich aus: ‚Herr, ich nehme dich beim Wort! Du weißt, dass ich dich jetzt von ganzem Herzen suche und dass ich hierhergekommen bin, um dich anzurufen, und du hast verheißen, mich zu erhören.' Immer wieder tönte es in meinem Inneren: ,Wenn ihr mich von ganzem Herzen suchen werdet, so werdet ihr mich finden.' In dem Bewusstsein, dass ich die Bedingung zur Stunde erfüllte, hielt ich dem Herrn sein Wort vor und sagte ihm, da er nicht lügen könne, erwarte ich zuversichtlich von ihm, dass er sich von mir finden ließe, und zwar jetzt gleich. Daraufhin kam eine Verheißung nach der anderen, bald aus dem Alten, bald aus dem Neuen Testament, von denen sich die meisten auf den Herrn Jesus Christus bezogen, in mein Gedächtnis. Wie köstlich mir diese waren, vermag ich nicht in Worte zu kleiden. Ich erfasste sie nicht mit dem Verstande, sondern sie sanken mir tief ins Herz, und ich hielt daran fest als an den untrüglichen Aussprüchen des Gottes der Wahrheit.

Lange fuhr ich fort zu beten und mir die Verheißungen anzueignen, die mir geschenkt wurden. Endlich stand ich auf und machte mich auf den Heimweg. Die Frage, ob ich denn bekehrt sei, war mir gar nicht in den Sinn gekommen; aber ich erinnere mich deutlich, dass ich bei mir vorher gedacht habe, als ich den Waldweg entlanggeschritten war: Wenn ich mich je bekehre, so werde ich ein Prediger des Evangeliums."

Nun hatte er Frieden mit Gott gefunden und keine Macht der Welt konnte ihm diesen rauben. Von Gottes Glanz umstrahlt erfasste er das Bild Jesu Christi in seinem Herzen. Er gewann den Eindruck, dass er den Gottessohn von Angesicht zu Angesicht gesehen hätte. Der Herr machte ihm das Wort deutlich: „Nun wir denn gerechtfertigt sind durch den Glauben, so haben wir Frieden mit Gott durch unsern Herrn Jesus Christus"(Römer 5,1). Diese Erkenntnis wurde ihm zum Kernpunkt seiner Verkündigung. Durch seine Predigten fanden zahlreiche Menschen zum lebendigen Glauben. Sein Dienst löste wunderbare Erweckungen aus.

Lauter Liebestaten – Mein erster Einsatz im Dienst für Gott

Meine erste Tagung, die ich halten sollte, war mir von den Bessarabiendeutschen in Bookholzberg angetragen worden. So hatte ich drei Vorträge und eine Bibelarbeit für dieses Wochenende ausgearbeitet. Zehn Tage zuvor aber erfuhr ich, dass ich diese Frauenfreizeit auch die nächsten acht Tage übernehmen sollte. Am Telefon ließ ich mir nichts anmerken, aber nach diesem Anruf begann das große Zittern. Ich war ja noch nie zu solchen Einsätzen gewesen und nun sollte ich mehr als eine Woche lang das Gotteswort verkündigen? Würde mir die Vorbereitung in solch kurzer Zeit gelingen? Mir war angst und bange und ich betete Sturm. Da kam mir ein guter Gedanke zu Hilfe. Vor einem halben Jahr hatte ich ein Buch von Allen Redpath aus dem Englischen ins Deutsche übersetzt. Dieser begnadete

Bibelausleger hatte tief schürfende Aussagen zum Buch Nehemia gemacht. Acht Andachten wählte ich aus dem Buch Nehemia aus und fügte eine Reihe Erfahrungen aus meinem eigenen Leben hinzu. Ich arbeitete von früh bis spät wie ein Pferd, bis ich meine Vorträge zusammengestellt hatte. Noch auf der langen Bahnfahrt dorthin prägte ich mir die Botschaft aus dem Alten Testament ein. Etwas scheu und zaghaft erschien ich im Freizeitheim.

Drei Frauen nahmen mich in Empfang: „Schwester Bormuth, der Herr hat hier viel Arbeit für Sie. 52 Frauen haben sich angemeldet und zwei von ihnen sind noch nicht bekehrt. Wir müssen viel schaffen und beten, dass diese beiden auch zum Glauben finden."

Morgens noch vor acht Uhr war die Gebetsstunde angesagt. Aber die Frauen fanden sich schon kurz nach sieben im Saal ein und sangen laut, langsam und sehr klangvoll ihre Lieder aus dem bessarabischen Gesangbuch, sodass der Hausvater uns beim Frühstück bat, wir möchten doch bitte leiser singen, sonst würden seine beiden kleinen Kinder wach. Das Beten dieser Frauen war sehr ergreifend. Einige weinten, wenn sie die Namen der noch unbekehrten Frauen vor Gott brachten: „Herr, errette ihre verlorene Seele!“ Es war ein heißes Ringen um sie. Diese beiden aber saßen mitten unter uns. Mir war solche Art des Betens etwas bedrückend und ich machte mir Sorgen um unsere beiden Besucherinnen. Als dann aber Frau Müller – der Name ist geändert – bereit war, in die Nachfolge Christi zu treten, kam bei uns allen große Freude auf. Ein Jubel brach an und nun wurden erst recht laut die Loblieder gesungen.

Gott hatte mir wunderbar durch diese Zeit geholfen. Ich empfand tiefes Glück, dass wieder ein Mensch aus der Gottesferne in seine Nähe getreten war. Auch meine Bücher hatten es den Freizeitteilnehmerinnen angetan. Ich war doch eine von ihnen, die das Schicksal vom Schwarzen Meer nach Deutschland verschlagen hatte. Sie schätzten es, wenn ich von Bessarabien erzählte, und wollten immer noch mehr davon hören. Meine Bücher gingen weg wie warme Semmeln.

Außerdem erlebte ich noch eine besondere Freude. An einem Nachmittag wurde ich von der Frau des Gemeindeleiters zu einer Tasse Kaffee eingeladen. Wir verstanden uns sehr gut und der Austausch mit ihr war für mich hoch interessant. Als ich mich nach zwei Stunden von ihr verabschieden wollte, führte sie mich in eines ihrer Kinderzimmer. „Frau Bormuth, Sie haben erwähnt, dass Sie in Ihrer Familie das erste Enkelkind erwarten. Ich habe in den vergangenen Tagen meine Schränke durchforstet. Ich werde wohl keine Babys mehr bekommen. Es würde mich freuen, wenn ich Ihnen die Säuglingswäsche von meinen Vieren mitgeben könnte. Einiges davon ist noch ganz neu. Wir haben eine sehr große Verwandtschaft und so wurde ich bei der Geburt unserer Kinder mit Babykleidung reich beschenkt."

Zu diesem Angebot sagte ich natürlich nicht Nein. Meine Tochter erwartete in drei Monaten ihr erstes Kind. Sie würde große Augen machen, wenn ich sie mit so vielen Stramplern, Lätzchen, Hemdchen und Jäckchen beglücken könnte. Ich muss hier noch anfügen, dass sie und ihr Mann Lehrer waren, aber wegen der Lehrerschwemme keine Anstellung gefunden hatten. Das war natürlich bitter für sie. Im Stillen dachte ich auch:

Ach, hätte ich damals in unserer armen Nachkriegszeit, als wir heirateten, für meine Kinder solch herrliche Kleidung geschenkt bekommen. Ein Karton wurde nun ganz voll gepackt und auf der Heimfahrt erfreute mich der Gedanke, wie glücklich Anne Ruth sein würde. Die schenkende Liebe dieser Mutter hat mich tief beschämt.

In Celle bei Dr. Bräumer

Nach Celle war ich zu einer Tagung bei den Behinderten eingeladen. Herr Dr. Bräumer fragte mich, kurz bevor ich wieder abreisen wollte: „Frau Bormuth, welches ist Ihr nächster Auftrag?" „Ich werde in wenigen Tagen nach Elbingerode in die DDR fahren und freue mich auf die Begegnung mit unseren Diakonissen. Zu Hause bleiben mir noch ein paar Tage, um einkaufen zu gehen. Ich möchte nicht mit leeren Händen zu den Schwestern fahren."

„Da kommt mir eine gute Idee in den Sinn, Frau Bormuth. Wir dürfen hier in Celle bei einem Großmarkt für unsere Behinderten sehr preiswert einkaufen. Unser Fahrer kann Sie in die Stadt mitnehmen und wird Sie dann nach zwei Stunden wieder abholen. Sie suchen sich aus, was Sie als Geschenk für die Schwestern in der DDR brauchen."

„Das finde ich klasse, Herr Dr. Bräumer."

Mir machte das Einkaufen viel Spaß und mein Portemonnaie wurde auch durch den günstigen Einkauf nicht so belastet. Mit viel Gepäck fuhr ich dann in den Harz. In Bebra musste ich umsteigen. Auf Bahnsteig eins kam ich an, aber der Interzonenzug fuhr am letzten Gleis ab. Das war ein weiter Weg mit mehreren Treppen. Ich konnte meine Koffer gerade so anheben, sie zu schleppen aber war fast unmöglich für mich. In meiner Not bat ich einen Herrn, ob er mich bis zum letzten Gleis begleiten könnte. Erstaunt sah er mich an. „Ja, so sind sie, die Frauen. Wenn sie verreisen wollen, dann kriegen sie den Hals nicht voll. Ihre Koffer werden mit Gewalt zugedrückt und dann müssen wir armen Kerle uns mit ihren Kleidern und sonstigen Sachen abschleppen." Dabei lächelte er mich an. Für die Hilfe dieses Mannes war ich dankbar und drückte ihm fest die Hand.

Aber im Zug bei Gerstungen packte mich doch die Angst, als die Volkspolizisten mit ihren Schäferhunden die Abteile betraten und die Pässe kontrollierten. Hoffentlich musste ich nicht mein Gepäck vorzeigen. Ich wollte doch alle meine Geschenke mit hinübernehmen. In Gedanken malte ich mir schon aus, wie sie sich über Schokolade, Kaffee, Seife, Badegel, Parfüm, Orangen und Bananen freuen würden. Zum Glück blieb ich von der Kontrolle verschont.

Bei meinen Reisen in die DDR oder bei einer Fahrt nach Moskau wendete ich immer einen Trick an, der mir auch dieses Mal wieder sehr half. Ich zog immer einen alten abgetragenen Mantel an und band mir ein rotes Tuch von meiner Mutter um die Haare, das im Laufe der Zeit schon viele Wollfäden verloren hatte. Sicher würden die Zollbeamten und Vopos denken: „Da sitzt aber ein ganz armes Weiblein im Zug. Bei ihr werden wir nichts holen können." Dass ich aber einige Tausend DM in meinem Brustbeutel trug, die ich als Spende für das Mutterhaus mitbringen wollte, ahnten sie natürlich nicht. So bin ich auch nie auf meinen Reisen ins Ausland kontrolliert worden. Verschranmte Koffer und alte Kleidung haben mich immer unbeschadet durch den Zoll gebracht. Ich bin auch noch nie auf Bahnhöfen oder Flughäfen von Dieben ausgeraubt worden, weil ich durch mein Äußeres den Eindrck erwecke: „Bei der Alten ist sicher nichts zu holen."

So dankte ich meinem himmlischen Vater für die gute Idee und Herrn Pfarrer Dr.

Bräumer für den preiswerten Einkauf. Aber immer, wenn ich dann in meiner etwas ärmlichen Kleidung bei meinen Besuchern ankam, war es mir in meiner Aufmachung doch etwas peinlich und ich zog mich schnell um.

Eine Rechnung – doppelt bezahlt

Von einem Herrn, den ich nur telefonisch kenne, erhielt ich vor Kurzem einen Anruf. Er bat mich darum, ihm jeweils zehn Exemplare meiner neuesten Bücher zu schicken. Er brauche sie als Geschenke zu Ostern, weil er sie an seine Bekannten und Mieter verteilen wolle, die die einmalige Botschaft von der Auferstehung Jesu Christi noch nicht kannten. Mein Mann suchte die passenden Bücher heraus und ich legte noch einige dazu, die ich als Geschenk an ihn deklarierte. Schon innerhalb einer Woche landete das Geld für die Bücher auf meinem Konto. Aber es war mehr als das Doppelte, als die Rechnung auswies. Natürlich bedankte ich mich herzlich bei ihm und versicherte, ich würde das Geld wieder für Buchsendungen in die ehemalige DDR verwenden. Daraufhin fragte er mich: „Ist es unverschämt von mir, wenn ich noch einmal ein viel größeres Paket von Ihnen erbitte? Ihre Geschichten dienen mir dazu, Menschen mit der Botschaft von Jesus bekannt zu machen. Es sind Kurzberichte in großer Schrift gedruckt. Wenn ich sie weitergebe, kann ich den Glauben an Fernstehende, aber auch an Christen weitergeben."

Diese Worte berührten mich, forderten mich aber zugleich auch heraus, fleißig neue Bücher zu schreiben. Ich darf diese einzigartige Botschaft von der Geburt Jesu in Bethlehem, von seinen Wundertaten, seinem Opfer am Kreuz auf Golgatha und von seiner glorreichen Auferstehung an Ostern an andere weitergeben. Das kann mir nur durch die Leitung des Heiligen Geistes geschenkt werden. Um diese Gabe bitte ich meinen Herrn und Heiland Jesus Christus.

Tomatenpflanzen aus Schwäbisch Gmünd

Wie schon so oft waren wir auch in diesem Jahr wieder auf dem Schönblick gewesen und wir rüsteten uns inzwischen für die Heimfahrt. Da entdeckte ich im Gartengelände eine Mitarbeiterin. Mein Mann hielt das Auto an und ich wollte ihr noch schnell Ade sagen. In unserem Gespräch zeigte sie noch auf einige Tomatenpflanzen, die dem Gärtnermeister nicht mehr brauchbar schienen. Sie waren für den Kompost bestimmt, weil sie krumm und schief gewachsen waren. „Sie können diese Tomatenpflanzen mitnehmen; denn Sie haben doch zu Hause auch einen Garten. Vielleicht lassen sie sich noch retten. Wir würden sie sowieso wegwerfen.“ Ich schaute meinen Mann an, merkte aber sofort, dass er von diesen Tomatenpflanzen nicht begeistert war. „Komm, Lotte, wir müssen jetzt fahren. Diese krumm gewachsenen Pflanzen werden sicher keine guten

Früchte bringen. Außerdem mache ich mir das Auto damit schmutzig."

„Karl Heinz, lass es uns doch versuchen. Vielleicht gedeihen sie trotzdem. Ich besorge mir schnell einen leeren Karton." Etwas missmutig ließ sich mein Mann dazu überreden, die Tomaten gut in einer Kiste zu verpacken, und stellte sie ins Auto. Aber viel Hoffnung hatte er nicht, dass sich diese Mühe lohnen würde. In Marburg angekommen war dies nun unsere erste Aufgabe, das Beet vorzubereiten und die Tomaten in gute, mit Kompost gedüngte Erde zu pflanzen. Die verkorksten Zweige banden wir an Pfählen fest. Und welch eine Überraschung. Die Tomaten gediehen großartig und trugen im Sommer reichlich Früchte. Es muss eine besonders gute Sorte gewesen sein. Noch nie hatten wir in unserem Garten so viele Tomaten geerntet. Viele Schüsseln voll konnte ich pflücken und sogar damit die Familien unserer Kinder beglücken. Fast zu jeder Mittagsmahlzeit gab es Tomatensalat oder Tomatensuppe.

Als wir wieder einmal auf dem Schönblick waren, erzählte ich dem Gärtner von unserer reichen Ernte. Auch er staunte nicht schlecht.

Leider waren wir nie mehr ausgerechnet zur Pflanzzeit der Tomaten in Schwäbisch Gmünd eingeladen. Der Gärtner versteht sein Geschäft ausgezeichnet, musste ich denken, denn er hatte einen hervorragenden Tomatensamen ausgesät. So werde ich immer wieder mit wunderbaren Geschenken auf meinen Reisen bedacht.

Der Braten im Kühlschrank

Während eines verlängerten Wochenendes war ich in der Familie eines Predigers untergebracht. Ich sah, wie sich Frau Bühler abmühte. Neben ihren vielen Kindern lagen auch noch andere Lasten auf ihren Schultern; denn der Gemeinschaftssaal war an ihre Wohnung angebaut worden. Mehrere Öfen hatte sie zu heizen, die Räumlichkeiten zu richten, das Telefon zu bedienen, mich zu versorgen und noch vieles mehr. „Bitte, Frau Bühler, machen Sie sich meinetwegen nicht so viel Arbeit mit dem Essen. Ich bin auch mit einer Tütensuppe zufrieden. Sie sehen, ich bin nicht gerade ausgehungert zu Ihnen gekommen."

„Wo denken Sie hin? Was soll ich denn antworten, wenn die Frauen mich fragen: ‚Wie hat Frau Bormuth der Braten und die Wurst geschmeckt?' All die guten Gaben stehen schon im Kühlschrank bereit. Ich muss schon etwas Ordentliches auf den Tisch bringen. Bei uns Schwaben heißt es doch: Wer viel arbeitet, muss auch gut essen. Und es wartet wirklich viel Arbeit auf Sie. Mehrere Frauen haben sich schon zum Gespräch mit Ihnen angemeldet und außerdem müssen Sie an diesem Wochenende neben dem Gottesdienst am Sonntag noch drei Vorträge halten. Das Programm für Sie ist voll gespickt. Schon lange freuen wir uns auf Ihren Dienst."

Diese tapfere, fleißige Predigersfrau habe ich im Gedächtnis behalten und all die anderen opferbereiten Frauen dazu.

So erfuhren wir die Wirkung des Heiligen Geistes in diesen Tagen und in großer Freude über so viel Einsatz in dieser Gemeinde fuhr ich wieder heim.

Oft überkommt mich ein Staunen, welch großen Einsatz gerade Frauen in unseren Gemeinden leisten. Viele von ihnen müssen als Bauersfrauen auf den Feldern und in den Ställen ihrer Höfe mitarbeiten. Sie haben meist mehrere Kinder, aber über all ihrem schweren Tun setzen sie sich für die Menschen in ihrem Ort ein und veranstalten Bibelwochen und Frühstückstreffen. Und dann sorgen sie noch dafür, dass ihre Referentin hervorragend bewirtet wird. Solch ein Einsatz fürs Reich Gottes ist bewundernswert.

Pfingsten in Bobengrün

Als ich die Anfrage erhielt, ich möchte doch bitte zur großen Pfingsttagung nach Bobengrün kommen, überfiel mich Angst. Etwa zehntausend meist junge Menschen treffen sich dort jedes Jahr in einem Waldgelände, um über die Pfingsttage Gottes Wort zu hören. Da sollte ich als Rednerin mitwirken. War ich denn dieser enormen Herausforderung überhaupt gewachsen? Die Programme in den Jahren zuvor wiesen prominente Namen auf wie z. B. Peter Hahne, Konrad Eißler, Jürgen Mette, Klaus Vollmer und andere bedeutende Redner. Passte ich überhaupt in die Reihe dieser vollmächtigen Verkündiger?

„Karl Heinz, du musst mitfahren und mir beistehen, wenn ich dort in Bobengrün predigen soll“, sagte ich zu meinem Mann und er fuhr mit mir zu diesem Pfingsttreffen. Intensiv beteten wir um das Gelingen dieses Einsatzes. Das Wetter war denkbar schlecht. Gewitter und heftige Regenfälle waren im Wetterbericht vorhergesagt worden; ein Tief vom Norden her sollte über Bayern ziehen.

Schon am Abend vor Pfingsten fing es an zu tröpfeln, als sich die Mitarbeiter mit Regenschirmen bewaffnet zur Andacht trafen. Der Pfarrer sagte: „Bitte, betet zu Gott um gutes Wetter, damit sich kein Besucher durch Regen oder Sturm abhalten lässt."

Das Thema dieser Tagung lautete: „Gott führt sein Volk mitten durch die Wüste." Im Programm war der folgende Text abgedruckt:

> Liebe Freunde!
> Eine der gewaltigsten Geschichten ist dieses Jahr das Thema unserer Pfingsttagung: Der Auszug Israels aus der Knechtschaft Ägyptens, aus der Hand des Pharaos, die lange Wüstenwanderung – Hunger und Durst, Verzweiflung und Auflehnung – und die Wundertaten Gottes, der sein Volk heraus- und hindurchbringt bis ans Ziel ins verheißene Land. Für das Volk Israel war dies eine der größten und tiefsten Erfahrungen mit seinem Gott. Für das Gottesvolk aller Zeiten ist es ein aufgeschlagenes Bilderbuch, wie Gott sein Volk auf sein Herz nimmt und wie er es mit starkem Arm auch durch hoffnungslose

Situationen führt. Die Jugend singt dies in einem Lied:

Wie groß ist mein Gott, kein andrer wie er,
kein Name so hoch, nur er ist der Herr.
Er teilte die Fluten vom Roten Meer.
Hat auch heute noch dieselbe Kraft,
nichts ist ihm zu schwer.

Wir laden Euch alle herzlich ein, die „Wüstenwanderung“ mitzuerleben und freuen uns schon auf Euch. Packt die Autos voll, organisiert Busse, ladet andere ein und betet mit, dass Gott schönes Wetter schenkt und mit seinem Wort und Geist mitten unter uns ist. Eure Bobengrüner.

Und unter meinem Foto las ich im Programmheft: Lotte Bormuth erzählt von ihren Begegnungen und Erlebnissen mit Menschen, die Gott aus ihrer verzweifelten Lage herausgeholt hat.

Sie kommt aus Marburg, studierte Theologie, ist als Hausfrau mit fünf Kindern in Gottes Weinberg sehr engagiert, spricht im Evangeliumsrundfunk, schreibt Bücher und erlebt bei der Telefonseelsorge, wie durch die

Kraft Gottes Menschen, die am Ende sind, umgewandelt werden. Davon wird sie uns berichten.

Was würden uns die beiden Pfingsttage bringen? Noch in der Nacht hörten wir, wie der Regen kräftig an unsere Fensterscheiben schlug. Aber am Morgen klarte der Himmel auf. Die Wolken wurden vertrieben. Blauer Himmel, so weit das Auge sah! Wir atmeten tief durch, und die Zeitungen berichteten ein paar Tage später: „Über Bobengrün strahlte die Sonne, während es ringsum noch kräftig regnete und dadurch vielen Wanderern und Spaziergängern die Laune verdorben wurde."

Wir konnten dieses Wunder kaum fassen. Gott hatte unsere Gebete erhört. Gewiss, die Zufahrt zum Wald war schlammig und einmal blieb auch unser Auto stecken. Aber starke Männerhände schoben unseren schwer mit Büchern beladenen Wagen wieder aus dem Matsch. Im Wald regte sich Leben. Die angrenzenden Parkplätze waren mit Autos und Bussen vor allen Dingen aus den Neuen Bundesländern voll geparkt. Familien aus der Nähe schoben ihre Kinderwagen auf nassen Waldwegen. Die Menschenmassen strömten herbei. Uns bot sich das herrlichste Wetter.

Auf einem erhöhten Podium stand ich mit klopfendem Herzen und hielt meine Ansprache. Anschließend lehnte ich mich an einen Baum und vor mir bildete sich in gewissem Abstand eine längere Schlange von meist jungen Menschen, die um ein Gebet oder ein seelsorgerliches Wort baten. Es waren nur kurze Gespräche möglich, aber ein Sündenbekenntnis lässt sich auch in wenigen Worten vor Gott bringen. Wenn Gottes Geist zur Buße ruft und Menschen ihre Schuld vor Gott loswerden, dann bricht die Freude der Vergebung durch. Einiges will ich nur andeuten: „Ich habe von der Baustelle Werkzeug mit nach Hause genommen und es nicht wieder zurückgebracht. Kann mir Gott verzeihen? Das werde ich sofort ändern, wenn ich nach Hause komme."

„Ich habe meine Freundin verführt und mit ihr geschlafen. Das wollte sie nicht, denn sie hatte es sich zum Ziel gesetzt, rein mit mir in die Ehe zu gehen."

„Ich habe meinen behinderten Stiefbruder abgelehnt. Das tut mir leid. Ich bin nicht liebevoll mit ihm umgegangen."

„Ich habe, während mein Chef nicht im Büro war, lange Privatgespräche am Telefon geführt und so meiner Firma geschadet. Ich werde das Geld in einen Umschlag stecken und ins Büro legen."

Diese wenigen Beispiele mögen genügen. Gott schenkte Kraft, dass eine neue Spur im Leben dieser aufrichtigen Menschen gelegt werden konnte. Es waren zwei herrliche Tage mit viel Gotterleben für mich.

Als wir wieder heimfahren wollten, wurde ich noch von einem Ehepaar, das in Bobengrün eine Textilfabrik besitzt, mit zwei wunderschönen Blusen beschenkt, einer weißen und einer gemusterten, beide von feinster Qualität. Sie sind mir sehr wertvoll und ich trage sie nur, wenn ich zur Verkündigung des Wortes Gottes aufs Podium steige. Für den Alltag wären sie mir zu schade.

Mein Dank aber gilt zuallererst meinem himmlischen Vater. Er schenkte mir Kraft und Freude zum Dienst und wirkte Segen. Aber ich erfuhr auch viel Liebe. So danke ich auch dem Ortpfarrer und seiner Frau, die uns in ihren Ehebetten schlafen ließen. Außerdem wurden wir zum Essen eingeladen und mussten nicht in langen Schlangen auf unser Mittagsmahl warten. Ich war allen jungen und alten Helfern dankbar, die mitwirkten, dass diese Pfingsttage so gelingen konnten. Wie viele Gäste in den Häusern ein gutes Quartier fanden, lässt sich im Nachhinein gar nicht mehr sagen. Aber auch beim Aufstellen der Zelte waren viele tüchtige junge Männer und Frauen bereit. Sogar Firmen räumten ihre Hallen und richteten Matratzenlager her. In der Blusenfabrik war die Essensausgabe. Opfer über Opfer wurden gebracht, ich kann sie gar nicht alle aufzählen. Gott schüttete Segen vom Himmel herab, Menschen fanden zum Glauben an Christus und andere fuhren wieder befreit von ihrer Schuld nach Hause.

So begleitet mich die wunderbare Erinnerung an Bobengrün bis heute.

Ein Mensch, der auf der Straße lebt

Heute habe ich das Zimmer für einen älteren Mann hergerichtet. Ich lernte ihn in unserer Gemeinde kennen. Schon dreimal war er unser Gast. Ich habe es mir zur Aufgabe gemacht, die neuen Gäste immer zu begrüßen und mich ein klein wenig mit ihnen vor der Predigt zu unterhalten. So sprach ich auch mit Herrn Mayer – so möchte ich ihn jetzt nennen. Er erzählte mir, dass er längere Zeit im Diakoniekrankenhaus gelegen habe, nun aber entlassen sei und noch immer auf Wohnungssuche sei. Als ich ihn fragte, wo er denn jetzt bei der Kälte schlafe, gab er mir zur Antwort: „Manchmal unter einem Vordach oder auf einer Parkbank in der Nähe vom Schloss." Natürlich ging mir diese Antwort unter die Haut. Aber kann ich diesen Obdachlosen bei uns aufnehmen? Es ist mir nicht immer leicht, dies zu tun, wenn ich ihr Äußeres wahrnehme. Manchmal erkenne ich auf dem Gesicht des Bruders der Landstraße die Züge eines bewegten Lebens. Mit dieser Frage ging ich zu Jesus und fragte ihn, was ich tun sollte.

Drei Tage später traf ich Herrn Mayer in der Evangeliumshalle wieder. Dort wurde zu Karfreitag von einem Kinderchor ein Musical aufgeführt. Ein junger Mann hatte ihn dazu eingeladen, bei dem er auch die vergangene Nacht hatte schlafen dürfen. Ich lud den Obdachlosen anschließend zu uns ein und Herr Mayer löste das Problem auf seine Weise. Für den Nachmittag verabredeten wir uns vor der Stadthalle zur festlichen Karfreitagsfeier. Er erschien gleich mit dem Rucksack auf dem Buckel. So landete er bei uns und als ich ihm das Zimmer zeigte, war er gleich begeistert. „O, das ist aber schön warm. Sie werden es mir doch geben?"

Ich sagte ihm zu. So richtete ich ihm eine warme Steppdecke her, gab ihm das nötige Bettzeug und Handtücher. Aus dem Schrank holten wir noch Tassen, Teller, Besteck und einen Topf. Außerdem gab ihm mein Mann etwas Obst und Joghurt zum Abendbrot. Am anderen Morgen wollte sich Herr Mayer dann noch andere Lebensmittel kaufen. Am Abend setzten wir uns noch mit ihm ein wenig zusammen und er erzählte mir Folgendes:

„Frau Bormuth, ich kenne Sie sehr gut. Bei der Feier für Bedürftige und Einsame am Heiligen Abend berichteten Sie sehr anschaulich über Ihre Heimatlosigkeit und die großen Konflikte, in die Sie schon als junges Mädchen durch die Flucht vor den Russen geführt wurden. Ihr Leid und vor allem der Tod Ihres Schwesterchens, das auf der Flucht geboren wurde, aber verhungert ist, gingen mir unter die Haut. Aber dann blieben Sie bei Ihrem Elend nicht stehen, sondern erzählten, wie Christen Sie in der Fremde eingeladen haben, mit Ihnen das Weihnachtsfest zu feiern. Auch die Andacht von Ihrer Enkeltochter Mareike bewegte mich. Sie konnte in anschaulicher Weise die Bedeutung des Christfestes darstellen. Im Raum war es bei ihren Worten mäuschenstill geworden. Jesus ist als Heiland der Welt im Stall von Bethlehem geboren. Er verließ den Himmelsthron, um uns Menschen ganz nahe zu sein. Sie haben uns dann noch diesen Satz eingeprägt: ‚Fürchtet euch nicht! Siehe, ich verkündige euch große Freude; denn euch ist heute der Heiland geboren.'

Dreimal haben wir als Gäste diesen Vers laut aufgesagt und er ist mir im Gedächtnis geblieben. Dass ich am Ende noch ein großes Lebensmittelpaket erhalten habe, hat mich über die Feiertage gerettet. Ihrer Einladung, die Gottesdienste zu besuchen, habe ich wahr gemacht. Seit Weihnachten habe ich mich auf den Weg gemacht und bin sonntags immer in Ihrer Kirche."

In meinem Abendgebet dankte ich Gott, dass das Zeugnis von Christus am Heiligabend nicht ins Leere gesagt worden war, sondern Frucht gewirkt hatte. Der Same des Wortes Gottes ist aufgegangen und hat Wurzeln geschlagen. So ist unser Dienst an Bedürftigen zu Weihnachten nicht vergeblich. Vielleicht darf ich noch anmerken, dass sich Herr Mayer in unserem Haus weiterhin sehr wohlfühlt.

Für die kommende Freizeit, die ich halten werde, habe ich ihn heute eingeladen und ihm ein schönes Zimmer angemietet. Eine Woche unter dem Wort Gottes zu sitzen, wird sicher Früchte zeigen. Dafür werde ich beten.

Neues darf wachsen

Heute erfuhr ich von Philipp, dessen Geschichte mich in meinem Dienstauftrag stark ermutigt hat, Folgendes: Es war in der Zeit, als wir unsere Heiligabendfeier für Bedürftige und Einsame begannen. Gott hatte es uns aufs Herz gelegt, die große Tat der Geburt Jesu Christi Menschen bekannt zu machen. In den Anfängen unseres Dienstes war es noch üblich, dass am Abend des 24. Dezember kein Kino, keine Disco, kein Café, keine Bar geöffnet war. Meist junges Volk schlenderte aus der Umgebung durch Marburg, suchte Vergnügungsstätten und stand vor verschlossenen Türen. Wir Mitarbeiter machten uns immer zu zweit auf den Weg, sprachen die Menschen an und luden sie zu unserer Festfeier ein. An einen jüngeren Herrn erinnere mich noch sehr genau. Ich führte mit ihm ein längeres Gespräch auf dem Spazierweg an der Lahn, nahm ihn mit in unseren Saal und er blieb den ganzen Abend über unser Gast. Im Grunde stand er vor dem Scherbenhaufen seines Lebens und war verzweifelt. Seine junge Ehe war in die Brüche gegangen und seine Frau hatte ihn mit seinen beiden kleinen Buben verlassen. Nun sollte er geschieden werden. Der Alkohol hatte ihn in den Ruin getrieben. Viel zu spät hatte er bemerkt, dass er süchtig geworden war. Er war dankbar, dass ich ein offenes Ohr für seine Schwierigkeiten hatte, und so redete er sich seinen Frust von der Seele. Auch das Programm, das wir vorbereitet hatten, sprach ihn an und er hörte gespannt der Andacht des Verkündigers zu. Vor allen Dingen freute er sich, dass wir alle uns seiner freundlich annahmen und ihn sogar abends spät mit unserem Auto in sein Quartier brachten. So blieb der Kontakt zu ihm erhalten.

Ein Mitarbeiter, dem er sich anvertraut hatte, riet ihm, seine Alkoholsucht in den Griff zu bekommen. Der erste Schritt in die richtige Richtung war der Gang in die Klinik zur Entgiftung. Anschließend gewährte ihm die Krankenkasse eine Entwöhnungstherapie, die er tapfer durchstand. Ein bewährter Christ kümmerte sich weiter um ihn und riet ihm, sich aus dem alten Freundeskreis zu lösen und in einer anderen Stadt neu Fuß zu fassen. Er fand sogar in der Nähe von Frankfurt eine passende Arbeitsstelle, die seiner Berufsausbildung entsprach. Die Ehe war zwar nicht mehr zu retten, aber der Kontakt zum Blauen Kreuz half ihm, standhaft zu bleiben und keinen Schluck Alkohol mehr zu trinken. Für Philipp begann ein neuer Lebensabschnitt. Durch die Predigten in der Gemeinde fand er auch den Weg zu Christus. Wunderbar hat ihm Jesus durch mancherlei Anfechtungen geholfen.

Drei Jahre waren inzwischen ins Land gegangen, als er auf einer christlichen Tagung Marianne kennenlernte. Die beiden wurden ein Paar. Sie liebten sich innig und Marianne half ihm, seinen Berg von Schulden abzubezahlen. So kam Ordnung in sein Leben. Nach einem Jahr heirateten die beiden dann und sogar ihre Silberne Hochzeit haben sie noch feiern können. Kurz nach seiner Pensionierung trat eine gefährliche Krankheit bei ihm auf. Seine Leber machte ihm zu schaffen. Schon nach zwei Jahren sagten ihm die Ärzte, dass er das nächste Jahr wohl nicht überleben würde. Eine lange Leidenszeit folgte. Tapfer stand ihm seine Frau zur Seite und wich nicht von seinem Bett, bis ihn Jesus selbst in seine neue Welt holte. Sein Lebensweg war von vielen Konflikten begleitet, die er zum Teil auch selbst verschuldet hatte. Und doch hatte er die heilende Liebe Jesu Christi erfahren. Sie hatte ihn aus seiner Schuld und seinem Suchtverhalten herausgeführt. Ihm wurde eine neue Lebensperspektive geschenkt.

Mich hat die Nachricht von Philipps Tod sehr betroffen gemacht; denn nachdem er auf die neue Spur mit Jesus gekommen war, konnte ich viele Wunder der Veränderung an ihm sehen. Dass Philipp nie mehr rückfällig geworden ist, war ein solches Wunder. Er bemühte sich auch um andere Obdachlose und Süchtige und half ihnen, wo er nur konnte. Ganz gering und unscheinbar hatte seine Begegnung mit dem Evangelium begonnen, durch ein persönliches Gespräch an der Lahn. Aber was bei Jesus arm, gering und zerschlagen ist, kann er aufbauen und stark machen. Darüber kann ich nur staunen.

Christine findet zu Jesus

Ich saß im Gottesdienst und plötzlich ging die Tür auf. Ein Ehepaar kam schnellen Schrittes auf mich zu. Die Frau fiel mir um den Hals und begrüßte mich herzlich: „Wie schön, dass ich Sie, liebe Frau Bormuth, hier treffen kann. Viele Jahre haben wir uns nicht mehr gesehen." – „Ja, Christine, ich erinnere mich sehr gut an dich und ich finde, du hast dich gar nicht sehr verändert. Schlank und rank wie eh und je bist du geblieben." – „Ich habe die schönste Zeit meines Lebens bei Ihnen verbracht, Frau Bormuth, und ich danke Gott, dass ich Ihre Familie kennenlernen durfte."

Wer freut sich nicht, wenn er solch wertschätzenden Worte hört. Meine Gedanken gehen zurück in die Zeit, als unsere Tochter mit ihrem Studium begann. Lehrerin wollte Anne-Ruth werden und hatte die Fächer Englisch, Mathematik und Pädagogik gewählt. Es war kurz vor dem Abitur, als Jesus ihr neu begegnet war. Schon als junges Mädchen besuchte sie gerne den Kindergottesdienst und die Jungschar und später dann den Jugendkreis. Doch danach erlahmte ihr Glaube an Christus und ich war in großer Sorge um meine Tochter. Es nutzte nicht, darüber zu diskutieren, und so wählte ich einen anderen Weg. Ich flehte Gott inständig an, er möge Anne-Ruth wieder auf die rechte Spur zurückholen. Wie oft lag ich vor meinem Herrn auf den Knien und nannte ihm den Namen meiner Tochter. Für Eltern ist dies immer eine anfechtungsreiche Zeit und ich weiß heute noch um Nöte, in denen ich allein auf Jesus vertraute. Ein ganzes Leben bleibe ich in der Spannung, wenn Anfechtungen mich bedrohen. Wenn es sich nicht um häusliche Probleme handelt, dann bewegen mich auch Konflikte in dieser Welt. Meine größte Bitte im Gebet lautet: „Herr, schaffe uns Frieden und baue du dein Reich."

Aber ich will ja hier von meiner Tochter berichten. Es war auf einer Klassenfahrt nach Italien, als Gott Anne-Ruth in seine Nähe zurückholte. Wie glücklich war ich, als sie mir sagte: „Mutti, ich will wieder mit Jesus leben." Ich habe nie danach gefragt, wie Gott diese innere Umwandlung bewirkt hatte. Das mag ihr Geheimnis mit Jesus bleiben.

Ich habe durch das missionarische Verhalten von Anne-Ruth gelernt, wie wichtig es ist, andere in das Boot Jesu zu ziehen. Eines Tages stickte Anne-Ruth auf ihren Anorak die Worte: „Jesus is Lord" („Jesus ist Herr"). Das veranlasste manche Studierenden mit ihr ins Gespräch zu kommen. Einmal kam sie zu mir und bat mich: „Mutti, heute musst du für Ellen beten. Wir treffen uns um zwei Uhr an der Lahn. Sie will auch mit Jesus leben." Und Gott rief dieses junge Mädchen in seine Nachfolge.

Christine, mit der sie in der Vorlesung für Mathematik zusammensaß, wohnte mit vielen anderen jungen Menschen im Studentendorf, fühlte sich aber unter der Menge der jungen Leute, die gerne Partys feierten und oft laute Musik spielten, nicht wohl. Vielleicht litt sie auch unter Heimweh. „Mutti, kann Christine nicht bei uns wohnen?", war Anne-Ruths Frage. Ich machte dies möglich und bis zum erfolgreichen Abschluss ihres Staatsexamens blieb sie unter unserem Dach. Es war der Kontakt zu unserer Tochter, der ihr half, sich bei uns wohlzufühlen.

Anne-Ruth nahm sie mit in den Jugendkreis. Dort trat sie in die Nachfolge Jesu. Die beiden wurden Freundinnen und auch eifrige Missionarinnen. Bei uns im Haus herrschte oft high life. Mich hat es gefreut, als Christine heute Morgen im Gottesdienst zu mir sagte, wie wohl sie sich während ihres Studiums bei uns gefühlt hat.

Zum fünfzigsten Geburtstag meines Mannes, den er und ich in Gunzenhausen auf einer Tagung erlebten, schrieben die Kinder einen netten, dankbaren Brief:

Liebster Papa,
von allen guten Wünschen, die dich heute erreichen, soll auch unsere Liebe nicht fehlen. Unter vielen Freundlichkeiten, die du uns gewährt hast, wollen wir eines besonders hervorheben: Du und Mutti haben uns immer erlaubt, Freunde mit in unser Heim zu bringen. Das hat unser Leben sehr reich und fröhlich gemacht. Ihr habt euch auch nie darüber geärgert, dass wir im Garten sooft Fußball gespielt haben. Den Rasen brauchten wir nie zu mähen. …

Die Dankesworte unserer Kinder fanden kaum ein Ende. Heute aber in diesem Gottesdienst habe ich durch Christine eine Segensspur entdecken dürfen. Sie ist mit einem Ingenieur verheiratet und hat zwei wunderbare, erwachsene Kinder.
Von einer Tochter erzählte sie mir noch Folgendes:

„Unsere Älteste hat sich typisieren lassen und war bereit, wenn sie dazu aufgefordert würde, Stammzellen zur Verfügung zu stellen. Eines Tages wurde sie angeschrieben und konnte dadurch einem Krebskranken das Leben erhalten. Zwei Jahre waren darüber vergangen, da wurde ihr der Name des Menschen mitgeteilt, dem sie das Leben retten konnte. Nach wieder zwei Jahren erhielt sie sogar seine Adresse. Es handelte sich um einen Patienten aus Amerika. Ein Briefwechsel setzte ein und zum Dank lud dieser Herr unsere ganze Familie zu einem Urlaub nach Amerika ein. Ist das nicht wunderbar?“

Das Geschenk der Weisheit

„Taktlosigkeit ist der Weisheit abträglich." So heißt es in den Sprüchen und in Jakobus 3,5-6 und 9: lesen wir: „So ist auch die Zunge ein kleines Glied und richtet große Dinge an. Siehe, ein kleines Feuer, welch einen Wald zündet es an. Auch die Zunge ist ein Feuer, eine Welt voll Ungerechtigkeit. Mit ihr loben wir den Herrn und Vater und mit ihr fluchen wir den Menschen, die nach dem Bilde Gottes gemacht sind."

Ich war zu einem Dienst in Bischofsheim und merkte, wie eine Frau, die mir gar nicht bekannt war, immer meine Nähe suchte. Ich wusste nicht recht, was sie damit bezwecken wollte. Am dritten Tag belästigte sie mich sogar während der Mittagspause mit einigen schweren Anschuldigungen: „Na, Frau Bormuth, ich las in einem Prospekt des Francke Verlags, Sie hätten über 90 Bücher geschrieben. Wie können Sie solch eine Arbeit vollbringen, ohne dass Ihr Mann und Ihre fünf

Kinder darunter leiden? Ist es überhaupt noch möglich, dass Sie Ihre Hausarbeit ordentlich erledigen?"

Ich spürte sofort ihren aggressiven Unterton und sagte mit einem Lächeln auf dem Gesicht: „Frau Weber (der Name ist geändert), Sie denken bestimmt, bei Bormuths sieht es aus wie bei Hempels unter dem Sofa. Besuchen Sie uns doch einmal und machen Sie sich selbst ein Bild von uns." Ich dachte, ich hätte mit diesem Satz deutlich gesagt, dass ich ihre unterschwelligen Beleidigungen verstanden hätte, und wollte schnell in meinem Zimmer verschwinden, um noch ein paar Minuten Mittagspause zu haben. Aber sie fuhr fort: „Na, bei den fast zwei Millionen von Büchern, die schon von Ihnen auf dem Buchmarkt erschienen sind, müssen Sie ja so reich sein wie ein russischer Ölmagnat. Sie scheffeln mächtig Geld in Ihre Kasse und mich würde interessieren, was Sie damit tun."

„Ja", wehrte ich mich wieder in humorvoller Weise, „das Geld häuft sich bei uns an und mein Mann muss es mit dem Koffer zur Bank tragen. Am Hungertuch leiden wir bestimmt nicht. Das müssten Sie mir ja ansehen.“ Eigentlich hatte ich Frau Weber deutlich zu verstehen gegeben, wie ungebührlich ihr Reden war. Aber sie ließ nicht locker. „Und womit füllen Sie alle diese vielen Seiten in Ihren Büchern? So viele Ideen können doch keinem Menschen zufließen. Übernehmen Sie die Texte von anderen Schriftstellern?“

„Das wäre schön und einfach, aber leider käme ich dadurch mit dem Gesetz in Konflikt und landete im Knast.“ Mit diesen Worten ließ ich Frau Weber stehen.

Ich dachte, dass diese Frau aus meinen Antworten herausgelesen haben musste, wie sehr mich ihr Verhalten angriff. Ich war zwar nicht aggressiv und heftig ihr gegenüber und zahlte auch nicht mit gleicher Münze zurück, sondern versuchte in humorvoller Weise die Dinge klarzustellen. Aber ich merkte danach schon, dass mich dieses beleidigende Gespräch doch bedrückte; denn Bücherschreiben ist eine mühevolle Arbeit. Mir hätte ein gutes Wort oder eine Anerkennung mehr genutzt als diese Verdächtigungen. Und so bat ich meinen Herrn: „Bitte, lieber Gott, schenke mir Menschen, die mir ein liebes Wort sagen und mich in meiner

Aufgabe durch ihre Gebete unterstützen. Ich brauche jetzt von dir eine ermutigende Erfahrung."

Als ich wieder zu Hause war, warteten dort schon Briefe, in denen ich zu zwei Bibelfreizeiten eingeladen wurde. Darüber freute ich mich sehr und dankte Gott dafür.

Ähnliches erlebte ich mit einer angeheirateten Tante. Sie ist schon vor 21 Jahren verstorben. Ihre Ehe war kinderlos geblieben und sie hatte einen reichen und in seinem Beruf sehr angesehenen Verwandten meines Mannes geheiratet. Deshalb legte sie großen Wert darauf, immer modisch gekleidet zu sein. Auf den Preis eines Kleidungsstückes musste sie nie schauen. Zu jedem ihrer 13 wertvollen Kostüme trug sie den passenden Hut, eine passende Handtasche, einen passenden Schal, passende Handschuhe, eine farblich passende Bluse und einen passenden Regenschirm. Die Menge ihrer Schuhe habe ich nie gezählt. Und nun lernte sie mich kennen und war total enttäuscht, dass ihr begabter Neffe eine in ihrem Wesen so schlichte Frau geheiratet hatte. Außerdem konnte ich angesichts unserer kinderreichen Familie nicht so tief ins Portemonnaie greifen wie unsere Tante.

Einmal besuchte meine jüngere, sehr attraktive Schwester diese Tante in München, als sie dort einen Lehrgang absolvierte. Sie war bildhübsch und wurde bei ihrem Besuch reich von unserer Tante beschenkt und gelobt: „Sie haben eine wunderbare Figur. Mit Ihnen in die Modehäuser zu gehen, macht mir Spaß. Warum nur hat mein Neffe nicht Sie geheiratet? Sie hätten besser zu ihm gepasst. Außerdem arbeiten Sie bei der Bank und Ihre Schwester ist nur Hausfrau."

Es gibt Menschen, denen macht es Freude, derlei Redereien publik zu machen. So drangen die Äußerungen unserer vornehmen Tante auch an mein Ohr. Ich wollte mich nicht von derlei Vorschlägen entmutigen lassen, wer denn nun besser zu meinem Mann passen würde. Aber so ganz unberührt ließen sie mich nicht. Wer hört schon gerne, dass der Partner mit einer anderen Frau eine bessere Partie gemacht hätte. Doch mein Mann und ich wissen uns von Gott zusammengeführt und wir sind nun schon seit über 56 Jahren glücklich verheiratet. Die tiefe innere Verbundenheit in der Gemeinschaft mit Gott macht unser Miteinander reich und innig. Unsere 5 Kinder und 17 Enkel sind uns ein wahres Geschenk.

Mich hätten solche hässlichen Worte auch bitter werden lassen können. Aber es war mir wichtig, demütig vor meinem Herrn Christus zu bleiben. Gewiss ist es schön, wenn man äußere Reize aufzubieten hat. Ich freue mich auch beim Anblick schöner Frauen. Aber was vor Gott wirklich zählt, ist unsere Dankbarkeit, unsere Demut und unsere Hingabe an ihn. Er hat mich geschaffen und gewollt. Schon als 15-Jährige habe ich Jesus kennengelernt und bin in seine Nachfolge getreten. Wunderbare Erfahrungen hat er mir in seinem Dienst geschenkt. Mehr als 25 Jahre habe ich meist Nachtdienst in der Telefonseelsorge machen dürfen und erlebt, wie Menschen aus ihrer Verzweiflung herausgeführt wurden. Botin seines teuren Evangeliums durfte ich sein und auch öfter erleben, dass Menschen den Weg zu Christus fanden. Außerdem bin ich auch gerne Hausfrau, lade Gäste ein und kümmere mich mit ganzer Kraft um meine Kinder und Enkel. Sie sind mir eine große Gabe.

Ich litt unter der Einstellung unserer Tante und wir begannen, für sie zu beten. Nach einer schweren Krebserkrankung brauchte sie dringend eine Nachsorge. Da wandte sie sich an uns und suchte Hilfe. Wir empfahlen ihr das christliche Sanatorium in Gunzenhausen in Bayern. Der Einfluss des Wortes Gottes veränderte ihr Leben. In den Gottesdiensten erlebte sie den Ruf zu Jesus.

Sie gewann dadurch ein vertrauensvolles Verhältnis zu uns und freute sich, dass mein Mann sie in vielen Situationen unterstützte; denn inzwischen war ihr Gatte gestorben und sie war in Nöten, die auf sie zukamen, ganz allein auf sich gestellt. Zwei Jahre später zog sie sogar unter unser Dach. Etwa ein Jahr lang blieb sie unser Gast, dann wechselte sie in ein christliches Altenheim über. Im Glauben an Jesus Christus konnte sie wachsen, denn regelmäßig fanden hier Andachten statt, und eine Diakonisse las jeden Morgen die Bibel mit ihr. Bis zu ihrem Heimgang in die neue Welt Gottes begleiteten wir sie.

Die Weisheit in den Sprüchen von Salomo will uns helfen, dass wir in unserem Alltag nicht in unser Verderben rennen. Mir wäre es schon manchmal besser ergangen, wenn ich sie beachtet hätte. So steht in Sprüche 15,1-3 folgender guter Ratschlag: „Eine linde Antwort stillt den Zorn; aber ein hartes Wort erregt Grimm. Der Weisen Zunge bringt gute Erkenntnis; aber der Toren Mund speit nur Torheit. Die Augen des Herrn sind an allen Orten, sie schauen auf Böse und Gute."

In der vergangenen Woche zog ein junger Mann aus seiner Wohnung aus. Als ich nach etwa vier Jahren, in denen er bei uns eine Bleibe gefunden hatte, in sein Zimmer kam, war ich entsetzt. Ich glaube, Ali hat in diesen vier Jahren nie einen Putzlappen in die Hand genommen oder ein bisschen Ordnung gehalten. Er legte auch eine Zerstörungswut an den Tag, die ich überhaupt nicht verstehen konnte. Sein Bett hatte er im Zorn auseinandergenommen und mit einem Beil kurz und klein geschlagen. Ich informierte seinen Betreuer telefonisch, dieser sagte aber nur: „Ali leidet an einer Schizophrenie und das ist der Grund seiner Unberechenbarkeit." Die Tapete waren von den Wänden gerissen und auf den Möbeln lag der Staub mehr als fingerdick. Die Herdplatten waren unbrauchbar geworden, da er vergessen hatte, sie nach dem Kochen wieder abzuschalten. Seine Matratze lag auf der bloßen Erde. Auch sie konnten wir nur noch entsorgen.

Ich bat seinen Betreuer telefonisch, vorbeizukommen und den Schaden zu begutachten. Ich erwartete, dass man die zu Bruch gegangenen Möbel ersetzen und die Wohnung wieder renovieren würde. Dies lehnte der Mann jedoch ab und sagte einfach: „Ali hat kein Geld. Er ist Sozialhilfeempfänger und Sie hätten wissen müssen, dass er nicht fähig war, sein Zimmer in Ordnung zu halten." – „Und warum haben Sie mir dies nicht bei seinem Einzug gesagt?", fragte ich den Betreuer.

„Dazu bin ich nicht verpflichtet, Frau Bormuth, sonst würde Ali nie eine Unterkunft finden. Und übrigens gehört es zu meiner Schweigepflicht, dass ich den Vermieter nicht über die Krankheit des Mieters aufkläre."

Ein Wort ergab das andere und ich war sehr erregt. Als der Betreuer – er ist Rechtsanwalt – damit begann, mich mit Paragrafen mundtot zu machen, wurde ich erst recht wütend. Er wollte mich nämlich vor Gericht ziehen und sagte mir klipp und klar: „Auch wenn Sie in allem recht hätten, bekämen Sie keinen Pfennig. Hier ist kein Geld zu holen. Sie werden immer den Kürzeren ziehen."

Diese Sätze versetzten mich in Zorn und ich wurde in meinen Anschuldigungen immer heftiger. Schließlich legte ich den Hörer mit den Worten auf: „Na, dann verklagen Sie mich eben!“

Aber mir war nun klar geworden, dass ich auf dem Schaden sitzen bleiben würde. Nach diesem Telefonat fühlte ich mich sehr unglücklich. Vor allen Dingen tat es mir leid, dass ich meine Beherrschung verloren hatte. So hätte ich als Christ nicht reagieren dürfen. Weise hatte ich auf keinen Fall gehandelt. In Sprüche 25,8 heißt es: „Lauf nicht so schnell vor Gericht, denn was willst du zuletzt machen, wenn dich dein Nächster beschämt.“ Ein Richter hätte mir nie recht gegeben. Immerhin konnte er mir sagen: „Ihr Mieter hat nicht aus Böswilligkeit gehandelt, sondern in einem Anfall seiner Schizophrenie.“ Außerdem ärgerte ich mich über mich selbst. Warum hatte ich nur die Beherrschung verloren? Hässliche Worte, die ich nicht wieder zurückholen kann, waren mir über die Lippen gekommen. In Sprüche 10,19 heißt es: „Wo viele Worte sind, da geht es ohne Sünde nicht ab. Wer aber seine Lippen im Zaum hält, ist klug.“

Oder Sprüche 12,18: „Wer unvorsichtig mit seinem Zorn herausfährt, sticht wie ein Schwert; aber die Zunge der Weisen ist heilsam." Und in Sprüche 16,32 lesen wir: „Ein Geduldiger ist besser als ein Starker, und der seines Mutes Herr ist, ist besser als einer, der Städte gewinnt."

Für mich folgte eine unruhige Nacht. An Schlaf war nicht zu denken. Ich war aus der Rolle gefallen und das war nicht recht. Mir war klar, ich müsste mich entschuldigen. Am nächsten Morgen rief ich den Betreuer an und bat ihn um Verzeihung. Ich sagte ihm: „Wir wollten auf die zerstörten Möbel verzichten und selbst renovieren. Mit einem schlechten Gewissen will und kann ich nicht leben und es ist eines Christen unwürdig, wegen eines psychisch kranken Menschen vor einem Richter zu erscheinen."

Am nächsten Tag kaufte mein Mann Farbe und Tapete und wir renovierten selbst. Ein Bett, zwei Stühle und einen Tisch schenkte uns unser Sohn und schon eine Woche später konnten wir einem Obdachlosen eine Bleibe bieten. Mir hat es gutgetan, dass ich über diese Auseinandersetzung mit Jesus sprechen konnte. Ich bekannte ihm meine

Schuld und in meinem Herzen kehrten wieder Friede und Ruhe ein.

Das Segenswort am folgenden Sonntag im Gottesdienst erfüllte mein Leben mit großer Freude: „Und der Friede Gottes, der höher ist als alle Vernunft, bewahre unsere Herzen und Sinne in Christus Jesus, unserem Herrn."

Die Schuldenfalle

Die Bibel gibt uns klare Anweisungen, wie wir mit unserem Geld umgehen sollen. Erstaunlich viele Verse finden wir darüber. Wer Schulden macht, begibt sich in Gefahr, dass er sie nicht wird bezahlen können. So sinnt der Mensch hin und her und verfällt auf böse Gedanken, List und irrige Ideen. Raub und Bankeinbrüche werden meist deshalb verübt, weil man nicht mehr weiß, wie man sich aus dem Schuldenberg wieder befreien könnte. So warnt uns Sprüche 21,8: „Wer mit Schulden beladen ist, geht krumme Wege." Oft kommt dann auch noch Mord dazu, weil man als Drohmittel eine Waffe mitbringt und sie dann bei Zwischenfällen einsetzt, was man eigentlich nicht geplant hatte. Harte Bestrafungen werden dann nach dem Wort der Bibel die Folge sein. So steht in 4. Mose 15,30: „Wenn aber ein Mensch aus Frevel etwas tut, …der hat den Herrn geschmäht. Solch ein Mensch soll aus dem Volk ausgerottet werden." Wie viel Elend entsteht dadurch in den Familien. Der Bankräuber muss bei Mord eine lebenslange Strafe absitzen und die Frau mit den Kindern muss leiden und wird noch von ihren Mitmenschen geächtet. Solchen Familien sollten wir beistehen und nicht in das gleiche lästerliche Horn blasen. Heute, wo es so viel Schönes und Gutes zu kaufen gibt, ist die Versuchung groß, dass wir ständig zum Konsum angeregt werden. Schaufensterbummel können uns verführen. Ich selbst habe es mir abgewöhnt, durch die Stadt zu schlendern, nur um mir Geschäftsauslagen anzusehen. Denn der Reiz zum Kaufen ist groß. Außerdem wird mir dadurch auch viel Zeit gestohlen. Wie viele große und kleine Dinge finden wir in unseren Wohnungen, die wir eigentlich gar nicht brauchen. Benötigen wir aber Kleider, Haushaltsgegenstände und besondere Delikatessen, dann sollten wir sie erst dann kaufen, wenn wir sie auch bezahlen können. Ratenkäufe sind am Ende doch viel teurer. Wenn ich für eine Urlaubsreise einen Kredit aufnehmen muss, genieße ich zwar die Freuden einer schönen Insel oder die herrlichen Wanderungen im Gebirge, aber hernach, wenn ich den Kredit abbezahlen muss, vergeht mir der Spaß.

Wenn ich das Vaterunser bete, spreche ich sehr bewusst die Worte: „ … und führe uns nicht in Versuchung.“ Ich war ein kleines Mädchen von 13 Jahren und ging in ein Geschäft, um mir ein Heft zu kaufen. Auf dem Tresen lag ein wunderschönes Federmäppchen. Es war noch nicht weggeräumt. Als die Verkäuferin ans Telefon gerufen wurde und ich allein im Laden blieb, stieg in mir die Lust auf, das Federmäppchen einfach einzustecken. Ich hätte es nur nehmen und damit schnellstens verschwinden müssen. Die Versuchung war groß und in mir tobte ein Kampf. Nehme ich es oder nehme ich es nicht? Ich habe der Verlockung widerstanden und ging nur mit dem schon bezahlten Heft aus dem Laden. Wie froh bin ich, dass ich der Versuchung nicht nachgegeben habe. „Es sind die kleinen Füchse, die den Weinberg verderben.“ So heißt es in der Heiligen Schrift. Das Federmäppchen hätte mich später immer angeklagt und ich hätte keine Freude daran gehabt. So danke ich meinem Herrn für die Bewahrung.

Gewiss gibt es auch Ausgaben, für die wir das Geld nicht ansparen können. Wer ein Haus bauen will, muss meist ein Darlehen aufnehmen, wenn er nicht einen reichen Erbonkel hat. Als wir unser Haus bauten, haben wir uns auferlegt, für mindestens drei Jahre keine Bücher, Kleider und Süßigkeiten zu kaufen. Natürlich waren wir froh, als diese drei mageren Jahre vorbei waren. Aber sie haben uns geholfen, regelmäßig unsere Raten abzuzahlen und nicht in Verzug zu geraten. Auch bei einem Autokauf kann ein Kredit angesagt sein, wenn man auf anderem Weg die Arbeitsstelle nicht erreichen kann. Aber für einen Staubsauger, neue Gardinen oder neue Möbel sollten wir mit dem Kauf so lange warten, bis wir das nötige Geld dazu haben. Es kann uns nämlich sehr bedrücken, wenn ein Notfall eintritt wie zum Beispiel der Verlust des Arbeitsplatzes, Krankheit oder sogar ein Todesfall. Wir stehen dann ratlos da und sind verschuldet. Wie viele Streitereien oder auch Niedergeschlagenheit sind dann die Folge. Es lebt sich immer besser ohne Schulden.

So dachte auch ein Ehepaar, das vor ein paar Jahren in der Zeitung las, die pro Kopf Verschuldung ihrer Stadt betrüge 438 DM. Die beiden alten Leute wollten aber nicht mit Schulden leben und gingen deshalb zum

Rathaus, um ihre Schulden zu begleichen. Die Beamten staunten nicht schlecht über solch ein Ansinnen. Sie konnten das Geld aber nicht entgegennehmen, da sie nicht wussten, wie dies zu verbuchen wäre.

In unserem Land macht auch der Staat jedes Jahr neue Schulden. Ich erschrecke darüber, wenn ich bedenke, welch große Lasten wir der kommenden Generation auf die Schultern laden.

Auch für einen Freund oder Verwandten eine Bürgschaft zu übernehmen, ist höchst gefährlich. Wir könnten uns dabei um Kopf und Kragen bringen. Wir hatten einen guten Bekannten. Eines Tages besuchte er uns und bat uns, ob wir nicht für ihn bürgen könnten. Sie wären in ein neues Haus eingezogen und hätten sich wunderschöne Möbel, eine Waschmaschine und Gartenstühle gekauft. Ihr Kredit sei aber schon ausgeschöpft. Fast wäre mein Mann bereit gewesen, für den Bekannten einzutreten. Ich aber wehrte heftig ab. Bürgen sollte man nie, auch wenn ein Freund uns darum bittet. Lieber sollten wir einem Menschen eine Geldgabe als Geschenk zukommen lassen.

In unserem Haus leben einige junge Menschen, die von der Sozialhilfe unterstützt werden. Oft wird bei ihnen gegen Ende des Monats das Geld knapp. Dann kommen sie zu uns und wollen 10 oder 20 Euro leihen. Ich versage ihnen den Betrag, lade sie aber ein, sich an unseren Tisch zu setzen und es sich schmecken zu lassen. Oder sie dürfen sich bei uns Brot mit Butter, Käse und Wurst holen. Außerdem koche ich ihnen gerne eine Tasse Kaffe. Bei uns soll keiner hungern und frieren. Meine Erfahrung hat mir gezeigt, dass ich das geliehene Geld nicht wieder zurückbekomme. Dadurch wird unser sonst gutes Verhältnis gestört, wenn ich an ihre Tür klopfen muss und sie bitte, ihre Schulden zu begleichen.

Ein anderes Problem, das uns in die Schuldenfalle treibt, liegt darin, dass wir mit unserem Geld nicht recht wirtschaften können. Eigentlich sollte das Gehalt für die Familie reichen und doch müssen viele am Monatsende den Dispositionskredit in Anspruch nehmen, für den sie hohe Zinsen bezahlen müssen.

Einmal besuchte uns ein Ehepaar. Obwohl der Mann Beamter war und über ein gutes Einkommen verfügte, hatten sich in der Familie die Schulden aufgehäuft. Von dem Geld, das sie als Darlehen für ihr Haus erhalten hatten, hatten sie noch eine gewisse Summe für den Urlaub, für die Errichtung eines neuen Gartenzauns und für ein neues Auto abgezweigt. Als dann die letzten Rechnungen für ihren Hausbau eingingen, blieb ihnen nichts anderes mehr übrig, als einen neuen Kredit mit sehr hohen Zinsen bei der Bank zu beantragen. So schaukelten sich die monatlich fälligen Raten sehr hoch. Darüber waren sie bestürzt und wussten weder ein noch aus. Sie baten uns um Rat und dabei flossen beiden die Tränen über die Wangen.

„Nun nützt kein Weinen", sagten wir ihnen. „Jetzt müssen die Karten auf den Tisch gelegt werden." So baten wir sie, zwei Listen anzufertigen, eine für die monatlichen Ausgaben und eine für die Einnahmen. Neben den hohen Raten für die Banken waren es zudem verschiedene Versicherungen, die ihnen das Geld aus der Tasche zogen. Wir rieten ihnen, einen Teil der Versicherungen zu kündigen. Damit floss mehr Geld in die Haushaltskasse.

Da beide Christen waren, sagten wir ihnen: „Wir vermissen bei eurer Ausgabenliste den Betrag für das Opfer in Gottes Reich.“ Empört antworteten sie: „Wie können wir Gott noch eine Spende geben, wenn wir noch nicht einmal genug zum Leben haben.“ Wir wollten die beiden nicht unter Druck setzen, lasen ihnen aber die Worte aus Jesus Sirach 35,10-13 vor: ‚Gib Gott seine Ehre mit fröhlichen Augen und deine Erstlinge, ohne zu kargen. Was du gibst, das gib gern und heilige deine Zehnten fröhlich. Gib dem Höchsten, nach dem er dir beschert hat; und was deine Hand vermag, das gib mit fröhlichen Augen. Denn der Herr, der ein Vergelter ist, wird dir's siebenfältig vergelten.‘ Vielleicht seid ihr deshalb in Geldschwierigkeiten, weil ihr Gottes Wort über den Zehnten nicht beachtet habt. Probiert es doch einmal, zuallererst den Herrn mit einem Opfer zu ehren. Ihr werdet staunen, wie er den Segen des Himmels auf euch kommen lassen wird. Wir haben das in unserer Ehe erprobt, auch in Zeiten, als Karl Heinz Referendar war und wir monatlich von 348 DM leben mussten. Oft war unser Budget sehr knapp bemessen. Wir mussten allein für die Miete 100 DM bezahlen. Hinzu kamen die Ausgaben für Strom und Kohlen. Damals war uns schon unser erstes Kind geschenkt. Aber am Ende blieben mir immer noch ein bis vier DM übrig, die ich für Notfälle sparen konnte. Gott hat uns nie im Stich gelassen. Wir haben Wunder erlebt. So wurde mir oft nach der Bibelstunde ein halbes Pfund Butter in die Manteltasche gelegt. Eine andere Frau aus der Gemeinde erlaubte mir, meine Wäsche in ihrer Maschine zu waschen und zu Weihnachten erhielten wir von unserem Vater 50 DM in einem Brief. Heute können wir nur über alle Durchhilfe staunen."

Das Ehepaar war sehr still geworden und versprach uns, die Sache mit dem Zehnten zu überdenken.

Unser Jüngster hat sich mit dem Austragen von Zeitungen monatlich 47,80 DM verdient. Wenn ihm dieser Betrag ausgezahlt wurde, brachte er mir immer fünf DM. „Eigentlich brauchst du mir nur 4,78 DM als Opfer zu geben." Doch er erwiderte: „Mama, ich will nicht so knauserig sein." Seine Haltung hat mich gefreut. Vielleicht gibt es auch Situationen, in denen uns das Opfer schwerfällt und wir es nicht immer mit einem Lächeln auf dem Gesicht geben. Aber wenn uns dies bewusst wird, dürfen wir Jesus um Verzeihung bitten. Im Grunde empfangen wir doch alles aus seiner Hand. Er versorgt uns reichlich und fragt uns auch heute: „Habt ihr je Mangel gehabt?“ Wie lautet unsere Antwort?

Alltag zwischen Himmel und Erde

Der Beginn meines Lebens war aufregend, vom Tod bedroht mitten im kalten Winter von Schnee und Eis umgeben. Am 3. Januar wurde ich geboren. Da meine Eltern fast 100 Kilometer von der nächsten größeren Stadt, in der es Krankenhäuser und Ärzte gab, wohnten, hing mein Dasein an einem seidenen Faden. Welche Schmerzen meine Mutter in ihrer schweren Stunde durchgemacht hat, ist für mich kaum vorstellbar. Bessarabien, direkt am Schwarzen Meer gelegen, ist mein Heimatland. Aber in unserem Dorf gab es wenigstens eine Hebamme, die sich durch den hohen Schnee bis zu unserem Haus plagen musste. In solchen Situationen war die Geburt für Mutter und Kind lebensgefährlich. So ist es auch mir ergangen. Beim Eintritt in diese Welt war ich scheintot. Die Hebamme wickelte mich in ein Handtuch, legte mich auf die Ofenbank und kümmerte sich um meine Mutter, deren Blutverlust sehr hoch war. Für mich hatte sie keine Hoffnung mehr. Bis zu meinem Großvater war die Schreckensnachricht durchgedrungen. Sofort kam er herbeigeeilt, wickelte mich aus dem weißen Tuch und begann mit Wiederbelebungsversuchen. Mein Großvater besaß einige medizinische Kenntnisse. Er wurde von den Bauern oft gerufen, wenn eine Kuh nicht kalben konnte oder wenn bei den Schweinen eine Seuche ausgebrochen war. Hatte sich ein Dorfbewohner oder ein Kind den Arm gebrochen oder gar das Bein, dann versuchte er mit einfachen Brettern, den Bruch zu schienen, und oft gelang ihm dies auch, dass die Knochen zusammenheilten. Auch bei mir führten seine Wiederbelebungsversuche zum Erfolg. Die Familie atmete tief durch, als ich den ersten Schrei von mir gab. Noch am gleichen Abend erhielt ich die Nottaufe. Die Losung für Mittwoch, den 3. Januar 1934, lautete: „Du bist mein Vater, mein Gott und Hort, der mir hilft“ (Psalm 89,27). Und der angegebene Lehrtext hieß: „Er selbst, der Vater, hat euch lieb“ (Johannes 16,27). Keinen besseren Spruch hätte ich mir für mein Leben wünschen können. Aber ich blieb zeit meines Lebens immer etwas schwach. Wenn ich an die Geburt meiner fünf Kinder denke, waren sie meist voller Dramatik und oft mit einem operativen Eingriff verbunden. Aber Gott wollte, dass ich lebe, und hat sich als mein himmlischer Vater erwiesen, der mich von ganzem Herzen liebte. Meine Freude über diese Zusage in den Losungen ist groß. Sie stellt mich unter Gottes Schutz und Bewahrung. Nach der Flucht, als wir fast nichts zu essen hatten, hat er mich durchgebracht. Wurden wir in der Schule einer Untersuchung unterzogen, so gehörte ich immer zu den Schwachen. Aber das hatte auch sein Gutes. Ich erhielt Sondermarken für Milch, Butter, Brot und Fleisch. Dafür war meine Familie sehr dankbar. Heute mit 80 Jahren geht es mir recht gut und ich kann immer noch an meinem Computer sitzen und Bücher schreiben. Auch meine Arbeit im Haushalt macht mir Freude und ich stehe gerne am Herd.

Aber eine besondere Gabe hat mir Gott für mein Leben mitgegeben: das Durchhaltevermögen. Schon als Zwölfjährige wurde ich von meiner Familie zur Arbeit herangezogen. Es fiel mir oft schwer, wenn es galt,

Steine vom Feld zu lesen oder beim Ackern die Pferde zu führen. Nie hätte mir mein Vater erlaubt, die Zügel der Pferde hinzuschmeißen oder den Korb mit den Steinen in die Ecke zu werfen und nach Hause zu laufen, weil mir die Fußsohlen bluteten oder mir die Arbeit zu mühsam erschien. Aber mein Vater hat mich nie überfordert, sondern bei solchen Arbeiten auch kurze Pausen eingelegt. Es war einfach nach 1945 eine schwere Zeit und alle in der Familie gaben ihr Bestes, um zu überleben.

Noch ein anderes Beispiel aus den letzten Tagen kommt mir in den Sinn.

Ich hatte mir im Jahr 2013 vor dem Einsatz in einer Bibelfreizeit den linken Arm kompliziert gebrochen. In der Chirurgie wurden die Knochen wieder eingerenkt, was höllisch wehtat, und in eine Schiene gelegt. Ich sollte dann einige Tage später operiert werden. So bat ich den Arzt, er möge mir erlauben, meine fünf Vorträge auf der Freizeit halten zu dürfen. Widerwillig erlaubte mir dies der Doktor und schaute mich dabei entsetzt an. Mit Schmerztabletten ausgestattet fuhren mein Mann und ich am nächsten Tag zum Dienst. Peinlich war mir mein Auftreten im Bibelheim in Langensteinbach schon, denn auch mein Gesicht war verletzt; ich sah aus wie Frankenstein. Blau, gelb, lila und rot war die linke Gesichtshälfte verfärbt. Aber ich habe diese sechs Tage durchgehalten. Gleich nach meiner Rückkehr lag ich dann auf dem Operationstisch. „Sie sind aber hart im Nehmen“, begrüßte mich der Arzt. An meinem Arm wurde dann eine Platte eingesetzt. Als ich nach drei Wochen zur Nachuntersuchung ging, konnte es der Chirurg kaum glauben, dass alles in so kurzer Zeit gut verheilt war.

Aber so hart, wie es nach außen hin den Anschein hat, bin ich doch nicht. Zu Hause habe ich eine Klageecke auf dem Sofa. Was mir sehr schwerfällt zu akzeptieren, ist die Ablehnung durch Menschen. Ich möchte so gerne tapfer sein und bin es doch nicht. Gerade das letzte Jahr hat mich stark mit Konflikten eingedeckt. Ich weiß oft nicht, warum Menschen so hässlich zueinander sein können.

Es war während einer Rüstzeit, als mich eine Frau fragte, ob ich denn schon gelesen hätte, was alles an Gemeinheiten im Internet über mich stehen würde. Ich wusste es nicht und habe es mir auch nicht angesehen. Wie mir Freunde später erzählten, wurde regelrecht Gift über mich ausgeschüttet. Ich fühlte mich zutiefst verletzt. Ein Rechtsanwalt unserer Gemeinde kam mir zur Hilfe. Er stellte einen Strafantrag mit der Forderung, die verunglimpfenden Behauptungen aus dem Internet zu löschen. Aber solange sie jeder lesen konnte, war ich sehr deprimiert, zumal sie direkt neben den Aufzeichnungen meiner Bücher angebracht waren. Wahrscheinlich sollten meine Leser gewarnt werden, zu meinen Büchern zu greifen. Diese Zeit war für mich schwer zu ertragen. Aber heute erfuhr ich von einem Freund unserer Familie, den ich zum Mitwisser meines Elends gemacht hatte, dass der Strafantrag erfolgreich war und die hässlichen Beschimpfungen im Internet gelöscht seien. Mich tröstet in solchen Situationen auch, wie Jesus die schweren, unbegründeten Anschuldigungen ertragen hat, die auf ihn niederprasselten. Einen Fresser und Weinsäufer hat man ihn genannt (Matthäus 11,19). Natürlich haben wir es gern, wenn die Menschen uns freundlich zugetan sind und unseren Ruf nicht schädigen. Aber der Jünger steht nicht über seinem Meister. Wir sollten mit Würde die Hässlichkeiten und Gemeinheiten ertragen in dem Wissen: „Unsere Namen sind im Himmel angeschrieben." Wir sollten Gott loben, wenn wir auch um seinetwillen Schmach erleiden müssen.

Aber nun bin ich beim Wichtigsten angelangt. Ich habe nicht nur eine Klageecke, sondern auch einen Platz auf meinem Sofa, an dem ich Gott das Lob entgegenbringe. Wenn auch die Hälfte der Psalmen Klagepsalmen sind, so haben wir auch viele Psalmen, mit denen wir unseren Herrn im Himmel loben und ihn anbeten dürfen. Wie hatte ein Mann wie Hiob unter Krankheitsnöten und Zerwürfnissen seiner Ehe gelitten. All seinen Besitz, dazu seine Knechte und Mägde, hatte er verloren. Ein Unglück zerstörte das Haus, in dem seine Kinder gerade ein Fest feierten, und erschlug sie. Hiob war bis in sein Innerstes aufgewühlt, raufte seine Haare und zerriss seine Kleider. Doch kann er noch in seiner Verzweiflung seine Hände zu Gott erheben und beten: „Ich bin nackt von meiner Mutterleibe gekommen, nackt werde ich wieder dahinfahren. Der Herr hat's gegeben, der Herr hat's genommen; der Name des Herrn sei gelobt." In diesem allem sündigte Hiob nicht und tat nichts Törichtes wider Gott. Das ist der entscheidende Satz. Hiob lebte trotz der schweren Anfechtungen aufrichtig vor seinem Gott.

Martin Luther erlebte den Ausweg aus der Traurigkeit und aus dem Teufelskreis durch die Gewissheit, dass Christus für uns ist. So sagt er: „Gott hat uns seinen Sohn gegeben, an ihn sollen wir täglich denken. In ihm sollen wir uns auch immer spiegeln. Da wird uns äußerst angenehm zumute. Es macht uns glücklich, das Lebensrecht und die Lebensgewissheit in seiner Person zu entdecken. Abseits von Christus lauert überall Gefahr, lauern der Tod, die Verführung und Verunsicherung. In ihm gibt es Frieden und Freude. Ich setze meine Hoffnung darein, dass auch andere etwas von meinem Kampf in der Anfechtung haben."

So schreibt Luther an einen jungen Mann, der von Schwermut geplagt wurde: „Gott ist nicht ein Gott der Traurigkeit, sondern der Gott der Lebendigen. Was ist aber Leben anders als Fröhlichsein in dem Herrn." Und dann folgen einige massive Anweisungen: „Verachte diese Gedanken der Traurigkeit wie das Zischen einer Gans. Sieh, wie die Israeliten von bösen giftigen Schlangen umringt und tödlich gebissen wurden. Nur der Blick auf die eherne Schlange konnte sie vom tödlichen Gift retten. Lass die bösen Gedanken sich nicht bei dir einnisten, wenn sie schon wie Vögel über dich hinfliegen. Suche Unterredungen mit Menschen oder trinke ein Glas Wein und treibe Scherz und Possen." Auch die Musik empfiehlt Luther als Hilfe gegen die Anschläge des Teufels. „Unsere Gesänge verdrießen den Teufel und tun ihm sehr weh."

Als Luther den schwerkranken Melanchthon besuchte, rief er aus: „Wie hat mir der Teufel dieses Rüstzeug geschändet. All da musste mir unser Herrgott herhalten; denn ich warf ihm den Sack vor die Tür und rieb ihm die Ohren mit all seinen Verheißungen der Gebetserhörungen, die ich in der Heiligen Schrift zu erzählen wusste, dass er mich musste erhören, wo ich anderes seinen Verheißungen trauen sollte." Danach ergriff er den Halbtoten bei der Hand und sprach: „Sei guten Muts, Philippus, du wirst nicht sterben. Philippus, du musst unserem Herrgott noch weiter dienen; darum musst du nur essen, sonst tue ich dich in den Bann." Gott hat dieses wunderbare Gebet erhört.

Zur Unlust des geistlichen Lebens sagt Luther: „Wenn ich fühle, dass ich durch fremde Geschäfte oder Gedanken kalt und unlustig zum Gebet geworden bin, dann nehme ich mein Psalterlein, laufe in die Kammer oder, wenn Tag und Zeit dazu ist, in die Kirche zur Gemeinde und hebe an, die zehn Gebote, den Glauben und, je nachdem ich Zeit habe, etliche Sprüche von Christus, Paulus oder dem Psalter mündlich laut für mich zu sprechen, genau so wie es die Kinder tun. Drum ist es gut, dass man das Gebet frühmorgens das erste und abends das letzte Werk sein lasse und sich mit Fleiß vor falschen, betrüglichen Gedanken hüte …"

Zum Bibelvers „Alle eure Sorge werfet auf ihn" schreibt Luther: „Wer aber nicht lernt solch Werfen, der muss bleiben ein verworfener, ausgeworfener, abgeworfener und umgeworfener Mensch."

Luther wurde mit vielen Problemen überhäuft. „Ich werde täglich mit Briefen überschüttet. Mein Tisch, meine Bänke und Stühle, mein Pult, mein Fenster, meine Truhen, Ablagen, alles liegt voller Fragen und Rechtssachen, Streitfällen und Gesuchen." Seine Frau Käthe bangte um die Gesundheit ihres Mannes. Luther schrieb daraufhin seiner Frau: „Lies du, liebe Käthe, das Johannesevangelium und den kleinen Katechismus. Denn du willst sorgen für deinen Gott, gerade als wäre er nicht allmächtig. Denn der könnte zehn Doktor Martinus schaffen, wo der eine alte ersöffe in der Saale oder im Ofenloch verbrenne. Lass mich in Frieden mit deiner Sorge. Ich habe einen besseren Sorger, denn du und alle Engel sind. Der liegt in der Krippe und hängt an einer Jungfrauen Brust und sitzt gleich wohl zur Rechten des allmächtigen Vaters. Darum sei zufrieden. Amen. Bete du und lass Gott sorgen. Es heißt: Wirf dein Anliegen auf den Herrn, der sorgt für dich."

Menschen, die mich segneten

Als ich gerade jung zum Glauben an Jesus Christus gekommen war, lud mich unser Prediger in die Jugendstunde ein. Mein Weg nach Bebra betrug ungefähr zwei Kilometer. Das war nicht weit, aber wenn im Herbst und Winter die Dunkelheit einsetzte, waren meine Eltern besorgt um mich und wollten mir nicht erlauben, in den Jugendkreis zu gehen, der mir so viel bedeutete. Ich war sechzehn Jahre alt und hatte wenig Ahnung, was in der Heiligen Schrift stand. Eine Bibel war mir geschenkt worden und so hatte ich es mir vorgenommen, jeden Morgen einen Abschnitt zu lesen und über dem Text zu beten. Ganz langsam wuchs ich in das Geheimnis des Wortes Gottes hinein und es war mir hilfreich, dass die tägliche Bibellese zu meinem morgendlichen Ritual gehörte. Aber wie sollte ich in meinem Glauben wachsen, wenn ich nicht mehr mit anderen jungen Christen über der Bibel sitzen und lernen konnte? Ich war sehr traurig und erzählte unserem Prediger meine Not. Herr Gardemann hörte mich an und sagte: „Lotte, für dein Problem finde ich eine Lösung. Ich werde dich im Dunkeln immer nach Hause begleiten. Sprich mit deinen Eltern darüber, ob es ihnen recht ist.“ Natürlich war meine Mutter damit einverstanden. Für mich wurden diese nächtlichen Nachhausewege überaus lehrreich. Ich konnte Herrn Gardemann alles sagen, was mich bewegte, und ihm auch meine Fragen stellen; denn mit meiner Hinwendung zu Jesus war für mich ein völlig neues Leben angebrochen. Ich staune heute noch, wie viel Geduld der Prediger aufbrachte, mir in meinen Kämpfen und Anfechtungen beizustehen. Herr Gardemann wurde mein Seelsorger. Er nahm sich immer Zeit, mit mir zu reden und zu beten, wenn mich etwas bedrückte. Im Umgang mit meinen Klassenkameraden musste ich lernen, standhaft in meinem Glauben zu bleiben und nicht in alte Gewohnheiten zurückzufallen. So wollte ich als Christ nicht während der Klassenarbeiten auf das Heft meiner Nachbarin schielen, wenn ich eine Aufgabe nicht selbst lösen konnte.

Einmal musste ich für meine Schwester in Stuttgart ein Paket zur Bahn bringen. Ich deklarierte den Inhalt als Obst und Gemüse, weil dann das Porto billiger war. Aber es waren Kleider darin. Dieser Betrug hat mir schwer zu schaffen gemacht. Ich ging zu meinem Seelsorger und bekannte meine Schuld. Wie erleichtert war ich, als mir Herr Gardemann die Vergebung meiner Sünde zusprach und mit mir betete. Ich begriff das Wort aus dem ersten Johannesbrief: „Wenn wir unsere Sünden bekennen, dann ist Gott treu und gerecht und vergibt uns unsere Sünde und reinigt uns von aller Untugend" (1,9). Ich atmete tief durch, befolgte den Rat meines Seelsorgers, kaufte mir am Bahnhof eine Fahrkarte zu dem Preis, um den ich die Bahn betrogen hatte, und zerriss den Fahrschein wieder.

Mit 17 Jahren verliebte ich mich zum ersten Mal. Ich durfte an einem Work Camp teilnehmen, das von amerikanischen Quäkern durchgeführt wurde. Für Douglas entflammte mein Herz. Er war ein aufrichtiger Christ, spielte hervorragend Klavier und wenn wir am Wochenende einen Ausflug mit dem Bus unternahmen, saß er immer an meiner Seite. Mit Douglas aus Ohio habe ich viele Gespräche geführt und mein Englisch wesentlich verbessert. Wir verstanden uns ausgezeichnet und er interessierte sich vor allem für meine Heimat am Schwarzen Meer, für unsere Flucht aus Polen und dafür, wie ich Christ geworden bin. Er merkte sehr bald, welche herzlichen und liebevollen Gefühle für ihn bei mir entstanden. Bei diesem Work Camp war ich wohl der glücklichste Mensch und auch Douglas erwiderte meine Zuneigung. Ich schwebte auf Wolke sieben. So suchte ich meinen Seelsorger auf, stürmte in sein Zimmer und legte gleich los: „Herr Gardemann, ich bin total verliebt." Solche Art von Liebesgeständnis hatte Herr Gardemann von mir nicht erwartet. Er nahm sich Zeit für mich, ich erzählte ihm von all dem Schönen, das ich erlebte, und er gab mir den Rat: „Nimm Jesus in deine Liebe mit hinein." Im Stillen wird er wohl auch gedacht haben: Die Zeit im Work Camp ist in vierzehn Tagen zu Ende und die Amerikaner reisen wieder ab. Dann werden die Liebesgefühle von selbst wieder abklingen. Hier gilt es, Ruhe zu bewahren. Der Abschied von Douglas fiel mir schwer und einige Tränen liefen mir die

Wangen herunter. Wir schrieben uns dann noch etwa zwei Jahre Briefe und danach war meine erste Liebe nur noch ein Traum. Noch heute danke ich Herrn Gardemann für das Verständnis, das er einem verliebten Teenager entgegengebracht hat. Er hat meine Empfindungen in die rechte Bahn geleitet, als er sagte: „Nimm Jesus in deine Liebe mit hinein." Das war für mich ein weiser Rat.

Meinen Freund habe ich dann auch schnell wieder vergessen, aber ich gewann in Renate Gardemann eine liebe Freundin. Wir waren Schülerinnen in der gleichen Klasse. Es war eine reiche, wunderschöne Freundschaft. In den Pausen schlenderten wir über den Schulhof und vertrauten uns alle für uns wichtigen Geheimnisse an. Ich empfand in dieser Beziehung eine tiefe Freude. Renate war die Einzige in unserer Klasse, die genauso wie ich in der Verbindung mit Jesus lebte. Einmal schenkt sie mir auch ein Kleid, das ihr die Mutter genäht hatte, ihr aber nun zu klein geworden war. Wie sehr habe ich dieses Kleid geliebt, denn meine Familie war nicht mit Reichtum und Wohlstand gesegnet. Wir waren Flüchtlinge und meine Eltern waren froh, wenn sie uns das tägliche Brot kaufen konnten. Jahrelang trug ich den gleichen Rock und die beiden Blusen.

Aber dann kam ein Tag, der mich eigentlich erfreuen sollte. Und doch war mir zumute, als hätte ich etwas sehr Wertvolles verloren. Renate war 18 Jahre alt geworden und von ihrem Chef gefragt worden, ob sie ihn heiraten würde. Seit sie das Gymnasium mit der mittleren Reife verlassen hatte und eine Lehre in einem Modegeschäft angefangen hatte, war zwischen ihr und ihrem Junior-Chef eine innige Liebe entflammt. Mir wurde bald klar, dass ich jetzt ins dritte oder vierte Glied gerückt würde. Renate und ich sahen uns nur noch selten, da ihr Verlobter sie zu wunderschönen Reisen und Theaterbesuchen einlud. Ich war ins Abseits gedrängt und litt darunter. Wahrscheinlich hat sie dies selbst gar nicht so gemerkt, denn wenn wir uns noch gelegentlich trafen, schwieg ich über meinen Kummer und Verlust.

Aber auch mein Weg änderte sich. Nach dem Abitur verließ ich mein Heimatdorf und ging zum Studium nach Marburg. Jetzt folgte eine wunderschöne Zeit für mich. Ich war fest in der Studentenmission eingebunden, fand neue Freunde und erlebte eine herzliche Aufnahme in dieser Gruppe. Sie nahmen mich junges Kücken liebevoll in ihre Gemeinschaft auf. Semester um Semester mühten wir uns, missionarisch aktiv zu sein und ich durfte miterleben, wie zwei junge Kommilitoninnen zum Glauben an Christus fanden. Außerdem hatte mich ein älteres Ehepaar in ihr Haus aufgenommen und umsorgte mich, als wäre ich ihr eigenes Kind. Damals war die Wohnungsnot noch sehr groß, aber Familie Kniese gab mir das Zimmer ihrer Tochter, die in Stuttgart eine Arbeit gefunden hatten. Beide waren liebe Christen und gehörten in Marburg der Stadtmission an. Jeden Abend warteten sie auf mich und bevor ich zu Bett ging, lasen wir mehrere Kapitel in der Bibel und beteten miteinander.

Außerdem lernte ich in diesem ersten Semester auch Karl Heinz kennen. Er studierte Englisch, Theologie und Pädagogik und stand mitten in seinem Examen. Wir wurden ein Paar und wussten uns von Gott zusammengeführt. In unsere Ringe ließen wir das Wort aus Jesaja 54,10 eingravieren: „Es sollen wohl Berge weichen und Hügel hinfallen, aber meine Gnade soll nicht von euch weichen und der Bund meines Friedens soll nicht hinfallen, spricht der Herr, dein Erbarmer."

Der Kontakt zu Herrn Gardemann war nun abgebrochen, aber Gott schenkte mir viele Jahre später noch einmal eine entscheidende Begegnung mit meinem Seelsorger. In Bad Hersfeld war ich zu einem Frauenfrühstück eingeladen. In dieser Stadt hatte sich auch Herr Gardemann mit seiner Frau für seinen Ruhestand niedergelassen. So fuhr ich nach meinem Vortrag zu ihm. Es wurde eine herzliche Begegnung. Einige meiner Bücher hatte er schon gelesen und wir unterhielten uns angeregt. Als ich wieder gehen musste, betete Herr Gardemann noch mit mir und sagte mir hernach: „Lotte, Gott hat Sie reich gesegnet. Vor allen Dingen hat er Ihnen die schriftstellerische Gabe geschenkt. Durch Ihre Bücher können Sie für viele Menschen zum Segen werden und sie in die Nachfolge Christi führen. Ich kann nur staunen, wie reich der Herr Ihr Leben gestaltet hat und danke ihm für sein Wirken in Ihrer Familie und weit darüber hinaus. Dieses Zusammensein mit Ihnen hat mir wohlgetan." Leise fügte ich hinzu: „Mir auch, Herr Gardemann. Dass Sie mich durch Ihr Gebet gesegnet haben, ist mir eine Glaubensstärkung."

Erinnerungen dieser Art sind für mich leuchtende, kostbare Edelsteine. Mein Herz war voller Dank, als ich mich wieder auf den Heimweg begab. Erinnert wurde ich an zwei Gottesworte:

„Gedenkt an eure Lehrer, die euch das Wort Gottes gesagt haben; ihr Ende schaut an und folgt ihrem Glauben nach" (Hebräer 13,7).

„Die Lehrer aber werden leuchten wie des Himmels Glanz und die, die viele zur Gerechtigk eit weisen, wie die Sterne immer und ewiglich" (Daniel 12,3).

So reich ist mein Leben.

Autorenadresse:
Lotte Bormuth
Sperberweg 8a
35043 Marburg
Telefon 06421/41347

Weitere Titel von Lotte Bormuth

Das große
Lotte Bormuth Lesebuch
ISBN 978-3-86827-433-2
192 Seiten, gebunden

Wir gratulieren unserer Autorin Lotte Bormuth zum 80. Geburtstag!

Aus diesem Anlass erscheint dieser umfangreiche Sammelband. Er enthält die besten, schönsten, ergreifendsten Erlebnisse der beliebten Autorin, die 1934 in Bessarabien (heutige Ukraine) geboren wurde, als Kind die Flucht und den Tod der kleinen Schwester erlebte und 1956 während des Theologiestudiums ihren späteren Mann kennenlernte. Heute lebt sie in Marburg und hat fünf erwachsene Kinder und 17 Enkel. Ihr erstes Buch veröffentlichte sie 1981. Inzwischen gehört sie zu den bekanntesten christlichen Autorinnen im deutschsprachigen Raum.

Kleines Mädchen Nummer fünf
ISBN 978-3-86827-376-2
144 Seiten, gebunden

Werfen Sie einen Blick in den Alltag der bekannten Autorin: Sie schreibt von sehr persönlichen Erlebnissen in der eigenen Familie, aus denen sie Kraft und Mut schöpft, die sie aber auch herausfordern und ins Gebet treiben. Sei es der eigene Sohn, der als Säugling einen schweren Start ins Leben hat, oder die Begegnung mit Natascha, die sich mit einer heimlichen Putzaktion erkenntlich zeigen will und dabei Chaos in den Manuskripten der Autorin verursacht. Lotte Bormuth erzählt von dem Aprilscherz ihres sechsjährigen Enkels und wie plötzlich ein Spender für das defekte Dach einer Bibelschule gefunden wird.
Darüber hinaus berichtet sie auch von erschütternden Lebensschicksalen, mit denen sie auf ihren Vortragsreisen konfrontiert wird. Da ist die junge Studentin, die sich das Leben nehmen will, weil ihr der Vater ihres Ungeborenen die kalte Schulter zeigt, oder der junge Mann, der an einer unheilbaren Krankheit leidet und keinen Menschen hat, der sich um ihn kümmert.

Ein Buch, das Mut machen will, sich ganz der Obhut des himmlischen Vaters anzuvertrauen.